Wolfgang Hensel

Wildblumen

KOSMOS

Zu diesem Buch

In diesem Buch finden Sie die bekanntesten und häufigsten Wildpflanzen, aber auch einige seltene Kostbarkeiten. Alle Arten sind nach ihrer Blütenfarbe gegliedert. In den meisten Fällen ist diese Zuordnung kennzeichnend und eindeutig. Manche Pflanzen, z. B. das Lungenkraut, verändern jedoch während der Blütenreife ihre Blütenfarbe von Rot nach Blau bis Blauviolett. In den Porträts unter „Weiß" aufgeführte Blüten können manchmal auch rot oder grünlich überlaufen sein. Wenn Sie daher bei Ihren Spaziergängen eine rosa oder grün blühende Pflanze entdekken, könnte sie auch unter „Weiß" zu finden sein.
Innerhalb der Farbgruppen sind die Pflanzen nach der Zahl ihrer Blütenblätter angeordnet. Bei Formen mit sehr kleinen Blüten müssen Sie genauer hinschauen und, sofern vorhanden, auch eine Lupe benutzen. Um das schnelle Ansprechen einer Blüte zu erleichtern, wurden die Blütenstände der Korbblütler wie eine Einzelblüte behandelt und unter „vielzählige Blüten" aufgeführt.
Wenn Sie eine Pflanze anhand der Fotos und der informativen Zeichnung identifiziert haben, können Sie das Ergebnis mit Hilfe der Infoleiste überprüfen. Stimmen die **Größe**, **Merkmale**, Blattstellungen und Blattform, Art und Aufbau von Blüte und Blütenstand?
Ein wichtiges Hilfsmittel zur Bestimmung liefert auch die Blütezeit. Diese Angabe bezieht sich stets auf die gesamte Blühperiode. So können die Pflanzen eines Standortes durchaus nur zu Beginn bzw. Ende des angegebenen Zeitraumes blühen und später bzw. früher keine Blüten aufweisen.
Die Stichpunkte Vorkommen und Verbreitung sollen Ihnen dabei helfen, die in Frage kommenden Pflanzenarten einzuengen und sicher kennenzulernen.
Vor allem in früheren Zeiten wurden Pflanzen als Heilkräuter, Zauberpflanzen und für vielerlei andere Zwecke genutzt. Daher finden Sie im Haupttext zu den Arten – neben weiteren Angaben zur Bestimmung – viele interessante botanische, ökologische, medizinische und kulturgeschichtliche Besonderheiten.

Wildblumen in Mitteleuropa

Alle in diesem Buch behandelten Wildblumen gehören zu den krautigen, nicht verholzten Blütenpflanzen. Obwohl man in na-

Blütenpflanze

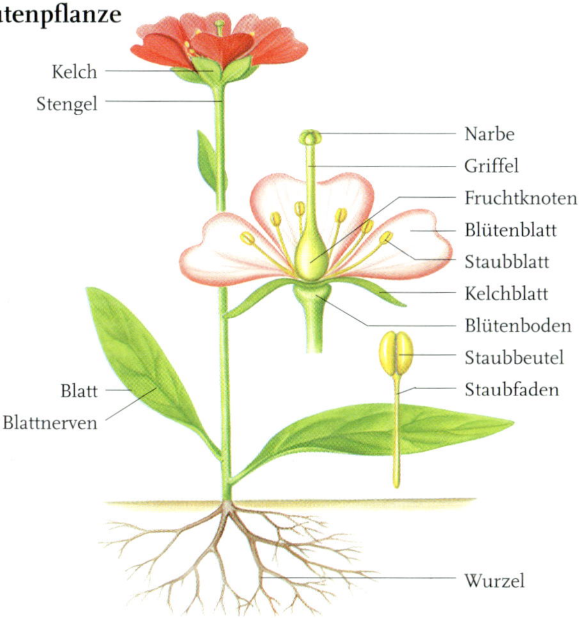

Blattstellung

Ranke und Nebenblatt

Wildblumen

turbelassenen Regionen und vor allem in Naturschutzgebieten sicher die schönsten Vertreter und eine besonders reichhaltige Auswahl von Wildblumen antrifft, besiedeln sie auch vom Menschen geprägte Lebensräume. Auch Ödland und Parks, Feldraine und Straßenränder, Gewässerufer und Forste bieten dem Naturliebhaber die Möglichkeit, solche Pflanzen zu genießen.

Lebens- und Wuchsformen

Wollte man es vermenschlicht ausdrücken, ist es das „Ziel" jedes Lebewesens, also auch der Pflanzen, sich in der Umwelt zu behaupten, Nachwuchs zu erzeugen und Lebensräume zu erobern. Natürlich handelt es sich dabei nicht um aktive, bewußte Vorgänge, sondern die Lebewesen haben sich im Zuge ihrer Entwicklungsgeschichte (Evolution) über Tausende von Jahren optimal an ihre jeweiligen Lebensräume angepaßt.

Wohin im Winter?

Einer der wichtigsten Faktoren – neben Wasser und Licht – an den sich die fest verwurzelten Pflanzen anpassen mußten, ist die winterliche Kälte. Sie brauchen besondere Anpassungsstrategien, um die tiefen Temperaturen und den Wassermangel zu überstehen.
Daraus resultierten verschiedene Lebensformen. Saisonpflanzen leben nur eine Vegetationsperiode. Sie überstehen den Winter in Form von Samen, die im nächsten Frühling wieder auskeimen. Bei Erdpflanzen sterben alle oberirdischen Teile ab. Sie verlagern Reservestoffe in Wurzeln oder Knollen, aus denen eine neue Pflanze austreibt. Die Oberflächenpflanzen schließlich überleben in Form von Knospen, die dicht unter oder knapp über der Erdoberfläche liegen.

Einjährige Kräuter

Alle einjährigen Kräuter, wie das Gewöhnliche Greiskraut (*Senecio vulgaris*), sind Saisonpflanzen.

Das Gewöhnliche Greiskraut beendet seinen Lebenszyklus innerhalb eines Jahres.

Sie schließen ihren Lebenszyklus innerhalb von wenigen Wochen ab. Unter geeigneten Bedingungen keimen die Samen sogar noch im selben Jahr aus, sodaß innerhalb einer Vegetationsperiode mehrere Pflanzengenerationen entstehen. Dank dieser Strategie sind einjährige Kräuter sehr anpassungsfähig. Viele der sogenannten „Unkräuter" gehören diesem Typus an.

Zweijährige Kräuter

Eine andere Strategie verfolgen zweijährige Kräuter, wie etwa die Wilde Möhre (*Daucus carota*). Aus den Samen entwickeln sich nicht-blühende Pflanzen, die im ersten Lebensjahr in den Blättern Nährstoffe bilden und in unterirdischen Organen speichern. Wenn sie im Herbst verwelken, sind sie „fit" für das nächste Jahr. Dann treiben sie erneut aus, bilden Blüten und Samen – der Lebenszyklus tritt in die nächste Phase ein.

Im ersten Jahr bildet die zweijährige Wilde Möhre nur Wurzel, gestauchten Sproß und viele Grundblätter, den Winter übersteht die verdickte Wurzel. Im nächsten Jahr blüht und fruchtet die Pflanze.

Stauden

Stauden oder mehrjährige Kräuter wachsen und blühen viele Jahre lang. Sie überwintern mit unterirdischen Speicherorganen, aus denen jedes Frühjahr eine neue Pflanze austreibt. Da sie Jahr für Jahr neue Samen bilden, kann sich die Art weiter verbreiten. Andererseits gewährleisten sie mit Hilfe ihrer Speicherorgane ihr eigenes Überleben, so daß sie einen einmal eroberten Standort kaum jemals wieder aufgeben müssen.

Die Stinkende Nieswurz keimt Jahr für Jahr aus und bildet jährlich neue Blüten.

Zwiebelpflanzen

Zwiebelpflanzen, wie z.B. die Herbst-Zeitlose (*Colchicum autumnale*), sind in gewisser Weise Sonderformen der Stauden. Sie

Die Herbst-Zeitlose ist eine Zwiebelpflanze. Aus der Zwiebel treiben die Blüten aus, im Folgejahr erscheinen die Früchte.

haben allerdings kein ausgeprägtes Wurzelwerk, das als Speicherorgan dient, sondern lagern ihre Reservestoffe in unterirdischen Zwiebeln ab. Jahr für Jahr wachsen aus der Zwiebel neue Triebe aus.

Der Bauplan

Betrachtet man die Wildblumen auf einer in Blüte stehenden Sommerwiese, sieht man sich einer verwirrenden Vielzahl individueller Formen gegenüber. Trotz dieser Vielfalt sind alle Wildblumen nach demselben Schema aufgebaut: Sie bestehen aus Wurzel, Sproß, Blättern und Blüten (siehe vordere Klappe des Buches).

Fest verankert

Die Wurzel verankert die Pflanze fest im Boden. Über feinste Wurzelhaare nimmt sie Wasser und darin gelöste Salze aus dem Boden auf. In einem Leitungssystem werden Wasser und Nährsalze in alle Teile der Pflanze transportiert.
Meist besteht das Wurzelsystem aus einer kräftigen Hauptwurzel, von der aus dünnere Nebenwurzeln ins Erdreich wachsen. Bei manchen Pflanzen ist die Hauptwurzel sogar pfahlartig verdickt und reicht sehr tief herab.

Aufwärts zum Licht

Der Sproß ist das tragende Gerüst einer Wildblume, an dem die Blätter und Blüten sitzen. Seine wichtigsten Funktionen sind, die Blätter optimal zum Sonnenlicht auszurichten und die Blüten den potentiellen Bestäubern zu präsentieren.
Wächst der Sproß kriechend, dem Boden anliegend, resultiert eine polsterartige oder flache Wuchsform. Reich verzweigte Sprosse haben eine buschige

Wuchsform, nicht oder nur wenig verzweigte Sprosse eine kerzenartig gerade Wuchsform zur Folge. Manche Sprosse, die Rhizome, wachsen fast wurzelartig nahe unter der Erdoberfläche,

Rhizome sind wurzelähnliche Sprosse, die wie bei der Großen Brennessel, ober- oder unterirdisch wachsen.

oder kriechen als Ausläufer direkt auf dem Erdboden entlang. Solche Sprosse dienen der vegetativen (im Gegensatz zur geschlechtlichen Vermehrung) Ausbreitung der Wildblumen.

Jeder Sproß ist in Knoten und die dazwischen liegenden Sproßabschnitte (Internodien) gegliedert. An den Knoten setzen die Blätter an, aus deren Achseln die Seitensprosse auswachsen.

Verzweigungsformen und die Form der Sproßachse liefern wichtige Hinweise für die Bestimmung einer Art.

Nährstoffabriken

Die Blätter sind die Nährstoffabriken einer Wildblume. Sie enthalten das Blattgrün (Chlorophyll). Mit der Energie des Sonnenlichtes vermittelt das Chlorophyll eine chemische Reaktion, die aus Kohlendioxid und Wasser Zucker herstellt.

Zwar ist jedes Blatt prinzipiell als flache Form konstruiert, es gibt jedoch zahlreiche Abwandlungen, die von großer Bedeutung für die Bestimmung von Wildblumen sind (siehe vordere Umschlagklappe).

Die Geschlechtsorgane

Blüten sind die Geschlechtsorgane der Wildblumen, die nur zu bestimmten Zeiten in der Entwicklung ausgebildet werden.

Blüten als Schauorgane

Trotz der – auf den ersten Blick – sehr unterschiedlich ausgeformten Blüten, lassen sie sich alle auf vier Grundorgane zurückführen, die in stets artspezifischer Anordnung in Form von Kreisen dem tragenden Blütenstiel aufsitzen.

Kreis auf Kreis

Den äußersten Kreis bilden die Kelchblätter. Sie sind in der Regel grün gefärbt und weichen in ihrer Form von den übrigen Blütenorganen ab. Es gibt jedoch auch Wildblumen, denen der Kelch fehlt oder deren Kelche blütenblattartig ausgestaltet sind.
Nach innen zu folgen die Kronblätter. Sie machen den optisch auffallendsten Teil der Blüte aus und dienen den bestäubenden Insekten als Anflugziel. Zahl und Form der Kronblätter sind häufig maßgebend für das Bestimmen einer Wildblume.
Auf die Kronblätter folgen die Staubblätter. Sie stehen in einem oder mehreren Kreisen und tragen an ihrem Ende die Staubgefäße mit dem Pollen.
Ganz innen in der Blüte stehen die Fruchtblätter. Sie sind bei allen Wildblumen in Ein- oder Mehrzahl zu einem Fruchtknoten verwachsen. In dessen Inneren sitzen die Eizellen, die sich nach der Befruchtung zum Samen mit dem Embryo der nächsten Generation entwickeln.

Einfache und zusammengesetzte Blüten

Sehr viele Wildblumen, wie das Busch-Windröschen (*Anemone nemorosa*), bilden einfache Blüten aus. Bei Blüten dieser Form folgen die Blütenorgane, dem allgemeinen Bauplan folgend, kreisförmig aufeinander.
Charakteristisch für manche Familien, etwa die Korbblütler, sind jedoch zusammengesetzte Blüten oder Blütenstände in Köpfchenform – etwa bei der Berg-

Das Busch-Windröschen hat eine einfache radiärsymmetrische Blüte.

Bei der Berg-Flockenblume ist der blumenartige Blütenstand aus zahlreichen, kleinen Einzelblüten zusammengesetzt.

Flockenblume (*Centaurea montana*). Zahlreiche, kleine Einzelblüten täuschen eine größere „Blüte“ vor.

Symmetrieeigenschaften der Blüten

Im Verlauf der Evolution haben sich eine Vielzahl unterschiedlichster Blütensymmetrien entwickelt. Jede dieser Formen ist ideal an die potentiellen Bestäuber angepaßt. Je spezialisierter eine Blütenform, desto höher ist die Chance, daß ein Insekt möglichst Blüten derselben Art aufsucht, und damit die Bestäubung sichert.

Für die Bestimmung einer Wildblume spielt die Symmetrie ihrer Blüte eine wesentliche Rolle. Manche Familien, etwa die Schmetterlingsblütler oder die Kreuzblütler, lassen sich eindeutig anhand ihrer Blüten identifizieren, bei anderen liefern die Symmetrieeigenschaften wichtige, zusätzliche Erkennungshinweise.

Bei radiärsymmetrischen oder strahligen Blüten, etwa der Lichtnelke (*Silene*) lassen sich mehr als zwei Spiegelebenen durch die Blüte legen. Bilaterale oder zweiseitige Symmetrie kommt seltener vor. Dabei ist die Blüte durch zwei Spiegelebenen charakterisiert, die senkrecht aufeinander stehen. Das beste Beispiel für diese Symmetrieeigenschaft ist die allseits bekannte Gartenblume Tränendes Herz. Bei den zygomorphen oder dorsiventralen Blüten schließlich kann man die Blüte nur durch eine Spiegelebene teilen.

Die zygomorphe Blüte der Zweiblättrigen Waldhyazinthe (*Platanthera bifolia*) kann nur an einer Ebene gespiegelt werden.

DER AUFBAU DER BLÄTTER

Da der Aufbau der Blätter und des Blattrandes sehr vielgestaltig und gleichzeitig typisch für jede Wildblume ist, liefert er zusätzlich hilfreiche Merkmale für die Bestimmung einer Art. Grundsätzlich unterscheidet man einfache von zusammengesetzten Blättern.

Einfache Blätter

Einfache Blätter bestehen aus einer einzigen, zusammenhängenden Blattfläche oder Spreite. Dabei kann die Form der Spreite durchaus unterschiedlich sein. Sie wird in den Texten zu den einzelnen Arten mit allgemein verständlichen Begriffen, wie rundlich, oval, pfeilförmig oder länglich, beschrieben.
Charakteristisch ist auch die Art des Blattrandes. Er kann spitz gezähnt oder rundlich gebuchtet sein, oder er ist tiefer in Lappen eingeschnitten. Wesentlich für einfache Blätter ist jedoch, daß die Einschnitte niemals bis ganz zur Hauptader des Blattes, der Mittelrippe, verlaufen.

Zusammengesetzte Blätter

Bei zusammengesetzten Blättern stehen an der Mittelrippe mehrere bis viele Teilblättchen oder Fiedern. Die Form der Fiedern wird mit denselben Begriffen charakterisiert wie die der einfachen Blätter. Handförmig gefingerte Blätter haben Fiedern, die in einem Punkt zusammenlaufen. Unpaarig gefiederte Blätter enden mit einer einzelnen Blattfieder in der Mitte, paarig gefiederten Blättern fehlt diese einzelne Endfieder.

Pflanzengesellschaften

Da jede Wildblume – wie alle übrigen Pflanzen auch – optimal an einen bestimmten Standort angepaßt ist, bildeten sich im Laufe der Evolution sogenannte Pflanzengesellschaften mit einer charakteristischen Zusammensetzung von Arten aus.
Während die Pflanzensoziologie über eine eigene Fachsprache verfügt, reicht es „für den Hausgebrauch“ aus, sich einen Überblick über die wichtigsten dieser Pflanzengesellschaften zu verschaffen. Daher wird bei den beschreibenden Texten stets auf die charakteristischen Standorte hingewiesen.

Wälder

Für Wildblumen sind die Lebensbedingungen in einem Wald nicht gerade einfach. In reinen Nadelwäldern etwa kommen neben den Bäumen kaum Wildblumen vor. Anders sieht es in den verschiedenen Formen der Laub- und Mischwälder aus. Im Frühling, noch ehe die Laubbäume ihre Blätter entfalten, fällt reichlich Licht auf den Waldboden. Diese Situation nutzen manche Wildblumen durch frühes Auskeimen und rasches Wachstum

Im Sommer und Herbst wachsen unter dem schattigen Blätterdach eines Buchenwaldes kaum andere Pflanzen.

aus. Wenn sich im Frühsommer das Laubdach schließt, und kaum noch Licht auf den Boden fällt, haben sie ihre Entwicklung abgeschlossen und warten auf das nächste Frühjahr. Andere Wildblumen, wie der Sauerklee (*Oxalis acetosella*), kommen auch mit dem geringen Lichtangebot zurecht.

Heiden

Heiden sind offene, baumlose Lebensräume, die häufig erst durch menschliches Wirtschaften, vor allem extensive Schafbeweidung, entstanden sind. Natürliche Heiden kommen im mitteleuropäischen Raum nur in der Nähe des Meeres oder auf moorigen Gebieten vor. Hier wachsen Pflanzen, die mit dem feuchten Boden und dem hohen Lichtangebot fertig werden.

Die Besenheide ist eine prägende Pflanze der offenen Heiden.

Feuchtbiotope

Feuchtbiotope bilden sich überall dort aus, wo der Boden ständig oder periodisch viel Wasser enthält. Dies ist etwa in den sogenannten Verlandungsgesellschaften am Ufer von Seen gewährleistet.

Zu den Feuchtbiotopen gehören auch die verschiedenen Formen von Mooren, die in Mitteleuropa jedoch immer seltener werden. Landgewinnungsmaßnahmen,

Im sauren, extrem wasserhaltigen Milieu eines Hochmoores gedeihen nur wenige, spezialisierte Pflanzen.

Torfstecherei und Trockenlegung weiter Landstriche haben die einst relativ weit ausgedehnten Moorlandschaften auf wenige Gebiete zurückgedrängt, die heute häufig als Naturschutzgebiete bewahrt werden. Pflanzen der Moore müssen mit äußerst wasserreichen und nährstoffarmen Böden zurechtkommen.

Grünland

Grünland oder Wiesen sind vielgestaltige Lebensräume, die je nach klimatischen Bedingungen, Boden, Exposition zum Sonnenlicht oder der Nutzung durch den Menschen ganz unterschiedlich ausgeprägt sein können.

Fette und Naßwiesen entwickeln sich auf feuchtem, lehmigem Untergrund. Sie verdanken ihre Entstehung durchweg dem Menschen, der sie zweimal jährlich mähte oder dort sein Vieh weiden ließ. „Fett“ sind sie, weil durch den Kot der Tiere regelmäßig Dünger aufgetragen wurde. Allerdings verschwinden klassische Fettwiesen überall dort, wo mit zusätzlichen Düngergaben und mehrfacher Mahd die Wiesenblumen meist nicht mehr zur Blüte und Frucht kommen.

Wirkliche Kostbarkeiten unter den Wildblumen findet man auf den verbliebenen Halbtrocken- und Trockenrasen auf mehr oder minder steil geböschten Kalkhängen. Trockenrasen entstanden auf steilem, wirtschaftlich nicht nutzbarem Gelände, Halbtrockenrasen durch extensive Schafbeweidung und gelegentliche Schnittmaßnahmen.

- einjährig oder Staude
- April bis Juni
- 15–90 cm

- **Merkmale**
  vierzählige Blüten (Durchmesser 6–10 mm) in einer doldenartigen Traube; Blätter gegenständig, nieren- bis herzförmig, stumpf gezähnt, 15 cm lang
- **Vorkommen**
  nährstoffreiche, lockere Lehmböden; Gebüsche, Laub- und Auenwälder, Ödland
- **Verbreitung**
  fehlt gelegentlich im Tief- und Alpenvorland; häufig; bis über 1.000 m

Knoblauchsrauke

Alliaria petiolata

Besser als durch alle morphologischen Kennzeichen läßt sich die Knoblauchsrauke anhand ihres namensgebenden Duftes identifizieren: Zerriebene Blätter riechen eindeutig nach Knoblauch. Dafür sind verschiedene Inhaltsstoffe, vor allem Senfölglycoside und ätherische Öle, verantwortlich. Früher galt die Knoblauchsrauke sogar als Heilpflanze, mit der man Katarrhe und Darmwürmer, eiternde Wunden und Zahnfleischentzündungen kurierte. Heute wird sie gelegentlich als stark würzendes Wildkraut zu Kräuterbutter oder -mayonnaisen verwendet.

Blätter und Blüten

Gewöhnliches Hirtentäschel

Capsella bursa-pastoris

Die obersten Blüten in der Traube des Hirtentäschels stehen doldenartig zusammen. Während die Rosettenblätter etwas an Löwenzahnblätter erinnern, sind die Stengelblätter in der Regel ungeteilt; sie umfassen den Stengel stets mit zwei pfeilartigen Zipfeln. Das beste Kennzeichen der Pflanze sind die Früchte. Sie haben eine etwa herzförmige Gestalt und gleichen damit einer alten Hirtentasche. Das Hirtentäschel wird zwar von kleineren Insekten bestäubt, es kommt aber auch regelmäßig Selbstbestäubung vor. Daher konnten sich zahlreiche Varianten entwickeln.

Blüten und herzförmige Früchte

- **einjährig**
- **Februar bis November**
- **5–50 cm**

- **Merkmale**
  vierzählige Blüten (Durchmesser 3–5 mm) in lockerer Traube; Rosettenblätter einfach oder fiederteilig
- **Vorkommen**
  nährstoff- und stickstoffreiche Böden; offene Stellen an Äckern, Wegen, Ödland, Gärten
- **Verbreitung**
  sehr häufig; in den Alpen bis 3.000 m

- einjährig
- April bis Juni
- 10–30 cm

- **Merkmale**
  vierzählige Blüten (Durchmesser 2–5 mm) in endständigen Trauben; Blätter wechselständig, ganzrandig oder gezähnt, bis 6 cm lang

- **Vorkommen**
  nährstoff- und stickstoffreiche, nicht zu trockene Lehmböden; Hackfruchtäcker, Ödland, Gärten

- **Verbreitung**
  in den Alpen bis 1.500 m; häufig

Acker-Hellerkraut

Thlaspi arvense

Die Schoten des Acker-Hellerkrauts sind fast rund (kommt von der Bezeichnung „Heller“ als altes Geldstück), vom Stiel an breit geflügelt und an der Spitze eingebuchtet – ein wichtiges Merkmal dieser Pflanze. Botaniker bezeichnen diese Schote als „Schötchen“, da sie nicht mindestens dreimal so lang wie breit ist. Im Unterschied zu den Grundblättern sind die oberen Stengelblätter pfeilförmig stengelumfassend. Das Acker-Hellerkraut enthält Senfölglycoside und ein knoblauchartig riechendes, ätherisches Öl. Vor allem im Mittelmeergebiet wurde es früher als aromatisches Wildgemüse gegessen.

Blüten und Schoten

Waldmeister

Galium odoratum

- Staude
- April bis Mai
- 5–25 cm

Der Duft des Waldmeisters dürfte wohl bekannter sein als die Pflanze selbst – bereichert er doch allerlei Produkte, vom Pudding über Sirup bis hin zur Bowle. Er basiert auf dem Inhaltsstoff Cumarin, der beim Welken aus Vorstufen freigesetzt wird. Cumarin in größeren Mengen ist allerdings giftig (Kopfschmerzen nach der Bowle!). Gesammelt wird das Kraut vor der Blüte, dann ist es am vierkantigen Stengel und an sechs bis neun quirlständigen Blättern (2–4 cm lang, 0,5–1,5 cm breit) zu erkennen. Früher wurde der Waldmeister auch als Heilpflanze gegen Schlaflosigkeit und Verdauungsbeschwerden verwendet.

Blüten und quirlständige Blätter

- **Merkmale**
  drei bis neun Blüten (Durchmesser 4–7 mm) locker schirmförmig am Ende der Triebe; Blätter in Quirlen
- **Vorkommen**
  nährstoff- und mullreiche Lehmböden; Laub- und Mischwälder
- **Verbreitung**
  fehlt im Tiefland, Gebirgen mit kalkarmen Gesteinen; sonst sehr häufig

- **einjährig**
- **Mai bis September**
- **0,30–1,50 m**

- **Merkmale**
  eins bis sieben Blüten (Durchmesser 2 mm) in Teilblütenständen in den Achseln der Blätter; Blätter quirlständig
- **Vorkommen**
  stickstoffreiche Lehmböden; Getreidefelder, Gebüsche, Ödland; in den Alpen bis über 2.000 m
- **Verbreitung**
  sehr häufig

Kletten-Labkraut

Galium aparine

Blüten und Früchte

Das beste Kennzeichen des Kletten-Labkrautes oder Klebkrautes sind die hakig gebogenen Haare, die den vierkantigen Stengel bedecken. Streicht man mit der Hand über die Pflanze, spürt man sie deutlich – sofern man nicht ohnehin mit den Kleidern haften geblieben ist. Mit Hilfe der Sprosse kann sich das Kletten-Labkraut an anderen Pflanzen verankern. Auch die Früchte tragen solche Haar„haken“, die der Verbreitung dienen. Wie bei allen Mitgliedern der Rötegewächse stehen die Blätter – hier sechs bis acht und 3–6 cm lang – in einem Quirl an den Knoten.

Vogelmiere

Stellaria media

Die Vogelmiere ist ein Stickstoff- oder Nährstoffanzeiger. Sie siedelt sich überall dort an, wo der Boden reichlich Nährstoffe enthält und bildet dann dichte Bestände. Die fünf Kronblätter der Blüte sind so tief gespalten, daß sie diese fast zehnstrahlig aussehen lassen. Dazwischen stehen fünf schmale Kelchblätter, die so lang wie die Krone oder länger sind. Der Stengel wächst niederliegend und bildet an den Knoten häufig Wurzeln aus. Da die Pflanze ganzjährig Blüten und Samen bildet, ist sie eine wichtige Futterpflanze für Vögel.

Blätter und Blüten

- **einjährig**
- **Januar bis Dezember**
- **5–40 cm**

- **Merkmale**
  Stengelhaare stehen in einer einzigen Reihe; Blüten (Durchmesser 4–7 mm) aus fünf Kronblättern; Blätter gegenständig, oval (1–4 cm lang) und kurz zugespitzt

- **Vorkommen**
  lehmiger, stickstoffreicher Boden; typische Pflanze von Unkrautgesellschaften; Äcker, Gärten, Weinberge

- **Verbreitung**
  sehr häufig

- **Staude**
- **April bis Juni**
- **10–40 cm**

- **Merkmale**
Blütenblätter (Durchmesser 1,5–2 cm) doppelt so lang wie der Kelch, bis zur Mitte gespalten; Blätter gegenständig, 3–9 cm lang und 4–8 mm breit

- **Vorkommen**
Schatten- und Halbschattenpflanze; braucht humusreichen, kalkfreien Boden; Laubwälder

- **Verbreitung**
Tiefland und Mittelgebirge bis 1.000 m; fehlt zum Teil in den Alpen und dem Alpenvorland; häufig

Große Sternmiere

Stellaria holostea

Die Große Sternmiere ist eine typische, häufig vorkommende Pflanze schattiger Laubwälder mit Eichen, Hainbuchen und Rotbuchen. Der am Grunde vierkantige, meist verzweigte Stengel ist an den Knoten etwas verdickt. Pflückt man die Pflanze ab, zerreißt oder zerbricht sie leicht und trocknet rasch aus. Nach der Signaturenlehre – sie ging davon aus, daß Pflanzen ihre Verwendung durch Wuchs und Aussehen anzeigen – galt die Große Sternmiere als probates Mittel gegen Knochenbrüche.

Blüten und Blätter

Taubenkropf-Leimkraut
Silene vulgaris

Die Kronblätter des Taubenkropf-Leimkrautes sind tief in zwei Teile gespalten. Sie ragen aus einem 1,5 cm langen, bauchigen Kelch heraus. Die Blüten sind Tag und Nacht geöffnet, verströmen aber nur nachts einen intensiven Duft, der Nachtfalter anlockt. Sie saugen den reichlich vorhandenen Nektar und bestäuben die Blüte. Während die unteren Blätter rund 5 cm lang und bis 1 cm breit sind, bleiben die obersten Stengelblätter deutlich kleiner. Die Art kommt in mehreren Unterarten vor.

Blütenstand

- **Staude**
- **Juni bis August**
- **20–50 cm**

- **Merkmale**
  bauchig aufgeblasener Kelch mit 20 Hauptnerven; Blüten (Durchmesser 1–2 cm) weiß, selten hellrosa überlaufen; Blätter gegenständig, breit lanzettlich, bis 5 cm lang

- **Vorkommen**
  trockene, steinige, nicht zu nährstoffreiche Böden; Gebüsche, Wegränder

- **Verbreitung**
  in den Alpen bis 2.200 m; häufig

- einjährig
- Juni bis September
- 40–90 cm

- **Merkmale**
Blüten (Durchmesser 1,5–2,5 cm) in einem dichasialen Blütenstand; Blätter gegenständig, breit lanzettlich bis oval, 6–8 cm lang, 1–2,5 cm breit

- **Vorkommen**
nährstoffreiche, steinige oder sandige Lehmböden; Schuttplätze, Wegränder, Gebüsche, Waldränder

- **Verbreitung**
zerstreut

Weiße Lichtnelke

Silene latifolia

Die Blüten der Weißen Lichtnelke erscheinen dem Betrachter in der Regel hinfällig oder verblüht. In der Tat schlägt ihre Stunde erst gegen Abend: Dann öffnen sie sich und beginnen ihren Duft zu verströmen, denn sie werden von langrüsseligen Nachtschmetterlingen bestäubt, die Nektar aus dem Grund der Blüte saugen. Die Weiße Lichtnelke ist zweihäusig, d. h. männliche und weibliche Blüten sitzen auf unterschiedlichen Pflanzen. Die fünf Kronblätter der Blüte sind kurz eingekerbt und tragen am Schlund eine 2 mm hohe Schuppe mit gezähntem Rand; der Kelch ist immer bauchig.

weibliche Blüten

Rundblättriger Sonnentau

Drosera rotundifolia

Der Rundblättrige Sonnentau ist eine insektenfressende Pflanze. Aus den Tentakeln an Blattrand und -fläche scheidet er ein tautropfenartiges Sekret aus. Gerät ein Insekt auf die Blattfläche, bleibt es kleben. Die Tentakel krümmen sich über die Beute ein, scheiden ein Verdauungssekret aus und verdauen ihre Beute. Nur mit diesem „Trick" kann sich der Sonnentau mit den lebensnotwendigen Stickstoffverbindungen versorgen, die am Standort Hochmoor nicht zur Verfügung stehen. Da die Moore immer mehr zurückgehen, ist der Sonnentau selten und geschützt.

Blütenstand und Blätter mit Tentakeln

- **Staude**
- **Juni bis August**
- **10–30 cm**

- **Merkmale**
  Blüten (Durchmesser 3–7 mm) auf einem hohen, blattlosen Stengel; Blätter rosettig, gestielt, rundlich (Durchmesser 0,5–1 cm) mit klebrigen Tentakeln

- **Vorkommen**
  nackte Torfböden oder Torfmoose; Moore und anmoorige Stellen

- **Verbreitung**
  Hochmoore; selten aber oft bestandsbildend

- Staude
- Juni bis August
- 0,5–2 m

- **Merkmale**
winzige (Durchmesser 6–9 mm) Blüten mit fünf Kelch- und Kronblättern; Blätter wechselständig, unpaarig gefiedert mit großen und winzigen Fiederpaaren

- **Vorkommen**
feuchte bis nasse, nährstoffreiche Lehm-, Sand- oder Torfböden; Ufer, Gräben, feuchte Stellen in lichten Wäldern

- **Verbreitung**
häufig; in den Alpen bis etwa 1.200 m

Großes Mädesüß

Filipendula ulmaria

Das Mädesüß gehört zu den beherrschenden Pflanzen der Hochstaudenfluren im Verlandungsbereich von Gewässern. Hunderte von Einzelblüten stehen in einer Rispe mit kurzer Haupt- und verlängerten Seitenachsen. Die nach Mandeln riechenden Blüten sind reich an ätherischen Ölen und Gerbstoffen. Früher setzte man sie in Skandinavien dem Honigwein Met zu („Met-Süße"), daher der Name. Wie die Weiden enthält die Pflanze Salicylsäure, den Grundbaustein des Schmerzmittels Aspirin. Getrocknet dienen die Blüten als Heilmittel bei fiebrigen Erkältungskrankheiten.

Blütenrispe und Blatt

Wald-Erdbeere

Fragaria vesca

Die Wald-Erdbeere trägt drei bis fünf Blüten (Früchte) an einem aufrechten Stengel. Die Kelchblätter des äußeren Kreises sind schmal, die inneren breit dreieckig. Wald-Erdbeeren werden wegen ihres süßen Geschmacks (8 % Zucker des Frischgewichtes) und der Vitamine als Wildobst geschätzt; aus den getrockneten Blättern läßt sich ein Tee gegen leichten Durchfall bereiten (Volksmedizin). Die bescheidene Frucht galt im Mittelalter als Sinnbild der Verlokkung und ist auf Bildern von H. Bosch als Zeichen der Untugenden dargestellt.

Blüten und Früchte

- Staude
- Mai bis Juni
- 5–20 cm

Merkmale
rote Erdbeerfrüchte; fünf Kronblätter; Kelchblätter in zwei Kreisen zu je fünf „auf Lücke"; Blätter wechselständig, mit drei Fiedern, jeweils 3–7 cm lang

Vorkommen
Mitteleuropa; fehlt im westlichen Tiefland; häufig

Verbreitung
etwas feuchte Böden; Laub- und Mischwälder, Kahlschläge

- Staude
- April bis Mai
- 5–15 cm

- **Merkmale**
  Blüten (Durchmesser 1,5–2,5 cm) einzeln an langen Stielen; grundständige kleeartige Blätter
- **Vorkommen**
  lehmige, feuchte, mullreiche Böden; dichte Laub- und Mischwälder, lichte Nadelwälder
- **Verbreitung**
  fehlt im Tiefland und auf waldlosen Sandböden; sehr häufig; in den Alpen bis 2.000 m

Wald-Sauerklee

Oxalis acetosella

Blüten und Blätter

Der Wald-Sauerklee ist perfekt an schattige Standorte angepaßt. Seine Blätter entspringen einem kriechenden Wurzelstock. Nachts werden die drei Fiedern zeltartig nach unten geklappt und öffnen sich mit dem ersten Tageslicht. Scheint die Sonne zu stark, senken sie sich, als Schutz vor der Strahlung, ebenfalls nach unten – der Sauerklee braucht nur 30 % Strahlungsintensität für seine Photosynthese. Die säuerlich schmeckenden Blätter enthalten die schwach giftige Oxalsäure und ihre Salze (Kleesalz). Ein Spannungsgewebe schleudert die Samen weit in die Umgebung.

Sanikel

Sanicula europaea

Anders als bei den meisten Doldengewächsen bildet die Sanikel keine echte Dolde erster Ordnung aus, sondern der Stengel verzweigt sich im Blütenstandsbereich unregelmäßig doldenartig. An der Verzweigungsstelle stehen zwei- bis dreiteilige Hochblätter. Im Mittelalter war man von der Heilwirkung dieser Pflanze so überzeugt, daß man sie durch den Namen (sanare = heilen) ehrte. Sie wurde als Mittel gegen Wunden und Quetschungen hoch geschätzt. Bis auf die zusammenziehende Wirkung der Gerbstoffe gibt es dafür jedoch keine pharmakologischen Belege.

Blütenstand

- **Staude**
- **Mai bis Juni**
- **20–40 cm**

- **Merkmale**
  Blüten (Durchmesser 2–3 mm) in köpfchenartigen Dolden, die in einem doldenartigen Blütenstand stehen; Blätter wechselständig, handförmig in fünf, selten nur drei, Abschnitte geteilt

- **Vorkommen**
  kalkhaltige, humusreiche Lehm- oder Tonböden; Laubwälder, Mischwälder, Auenwälder

- **Verbreitung**
  fehlt im Tiefland und Mittelgebirgen mit kalkarmen Gestein; in den Alpen bis 1.500 m; zerstreut

- **Staude**
- **Juni bis August**
- **30–90 cm**

- **Merkmale**
  Blütendöldchen zu einem Köpfchen zusammengezogen; Grundblätter bis fast zum Grund handförmig in fünf bis sieben Abschnitte geteilt
- **Vorkommen**
  Kalk- und humushaltige Böden; Bergwiesen und lichte Waldwiesen
- **Verbreitung**
  in den Kalkgebirgen Deutschlands zerstreut; hauptsächlich auf Höhen zwischen 700 und 1.800 m

Große Sterndolde

Astrantia major

Kleine Sterndolde

Bei der Großen Sterndolde, sie gehört zu den Doldengewächsen, wird der Aufbau des namensgebenden Blütenstandes erst beim genaueren Hinschauen deutlich. Am Ende des Stengels stehen die Döldchen in einem gabelig oder doldenartig verzweigten Blütenstand, darunter sitzen Hochblätter. Die sehr kurz gestielten Blüten (Durchmesser 5 mm) stehen in einem Köpfchen zusammen und werden von 1,5–2,5 cm langen, in einer Grannenspitze endenden Hüllchenblättern umgeben. Die Blätter der Kleinen Sterndolde *(Astrantia minor*, 15–30 cm hoch) sind bis zum Grund handförmig geteilt.

Wiesen-Kerbel

Anthriscus sylvestris

- **Staude**
- **April bis Juni**
- **0,60–1,50 m**

Der Wiesen-Kerbel kann in feuchten Wiesen massenhaft auftreten und weist dann auf einen hohen Stickstoffgehalt hin. Auf Weiden wird er nicht geschätzt, da ihn das Vieh verschmäht und die harten Stengel kein gutes Heu ergeben. Die Doldenstrahlen zweiter Ordnung erheben sich über vier bis acht bewimperte, in eine lange Spitze auslaufende Hüllchenblätter; die Blütenblätter sind rundlich. Der kantige Stengel ist nicht gefleckt. Im Unterschied zum einjährigen Gartenkerbel *(Anthriscus cerefolium)* eignet sich der Wiesenkerbel nicht als Gewürz.

Gartenkerbel

- **Merkmale**
  Blüten (Durchmesser 4 mm) in zusammengesetzter Dolde, 8–16 Doldenstrahlen zweiter Ordnung; Blätter wechselständig, zwei- bis dreifach gefiedert
- **Vorkommen**
  stickstoffreiche, lockere Lehm- oder Tonböden; Fettwiesen, Gebüsche, Wegränder
- **Verbreitung**
  in den Alpen bis über 1.800 m; sehr häufig

- Staude
- Juni bis Oktober
- 15–60 cm

- **Merkmale**
  Blüten (Durchmesser 2 mm) in zusammengesetzter Dolde, 10–15 Dolden zweiter Ordnung; Blätter wechselständig, unpaarig gefiedert mit drei bis fünf Paaren

- **Vorkommen**
  kalkhaltige, lockere, lehmige Böden; Trockenrasen, Raine, lichte Gebüsche

- **Verbreitung**
  fehlt gebietsweise im Tiefland, in den Alpen bis 2.000 m; zerstreut

Kleine Bibernelle
Pimpinella saxifraga

Die Kleine Bibernelle hat einen massiven, fein gerillten Stengel. Während die Fiedern ihrer grundständigen Blätter etwa eiförmig und gezähnt sind, bleiben die Fiedern der Stengelblätter deutlich schmaler als die der Grundblätter. Die Pflanze enthält ätherische Öle, Gerb- und andere Wirkstoffe. Ihre Wurzel wird als Heilmittel bei Husten und zur Förderung von Schleimauswurf bei Bronchitis, in der Volksmedizin auch als Magenmittel verwendet. Die Große Bibernelle (bis 1 m hoch) hat einen röhrigen, gefurchten Stengel. Sie wird in der Medizin und Homöopathie wie die Kleine Bibernelle angewandt.

Große Bibernelle

Giersch

Aegopodium podagraria

Der Giersch ist ein hartnäckiges Gartenunkaut, das man nur durch sorgfältiges Ausgraben des Wurzelstockes entfernen kann. Neben dem doldigen Blütenstand wird er durch den kantig gefurchten Stengel und die Blätter charakterisiert: Die Grundblätter sind meist dreiteilig, bei den Stengelblättern – sie sitzen in einer Scheide dem Stengel an – ist jedes Teilblättchen nochmals dreigeteilt. In früheren Zeiten galt der Giersch als Heilmittel gegen Gicht (Podagrakraut, Artname) und Rheuma, heute werden seine Blätter gelegentlich noch als Wildgemüse zubereitet.

Blütenstand

- **Staude**
- **Mai bis Juli**
- **50–80 cm**

- **Merkmale**
  Blüten (Durchmesser 3 mm) in zusammengesetzter Dolde (10–18 Doldenstrahlen zweiter Ordnung); Blätter wechselständig, einfach- oder doppelt dreiteilig gefiedert, Fiedern breit-lanzettlich, gezähnt
- **Vorkommen**
  nährstoffreiche, feuchte Lehm- oder Tonböden; Waldränder, Gebüsche, Hecken, Ufer, Gärten
- **Verbreitung**
  im Gebirge bis über 1.800 m; sehr häufig

- einjährig
- Juli bis August
- 1–2 m

- **Merkmale**
  Blüten (Durchmesser 3 mm) in zusammengesetzter Dolde, 8–15 Dolden zweiter Ordnung; Blätter wechselständig, zwei- bis vierfach fiederteilig, untere bis zu 50 cm lang

- **Vorkommen**
  stickstoffreiche, feuchte Lehm- oder Tonböden; Ödland und Gebüsche

- **Verbreitung**
  im Tiefland und wärmeren Lagen der Mittelgebirge selten; fehlt in größeren Gebieten der Alpen; bis 1.200 m

Gefleckter Schierling

Conium maculatum

Der Gefleckte Schierling fällt durch seine schiere Größe, den röhrigen, gerillten Stengel mit rotvioletten Flecken und Streifen, sowie durch einen widerlichen Geruch auf. Er enthält in allen Teilen giftige Alkaloide (Coniin). Aus den Früchten stellten die Griechen der Antike Todestränke für verurteilte Verbrecher her. Auch der Philosoph Sokrates dürfte am „Schierlingsbecher" gestorben sein, denn die von Plato geschilderten Symptome gleichen einer Schierlingsvergiftung. Der Tod tritt bei vollem Bewußtsein durch Lähmung der Atemmuskulatur ein.

Wasserschierling

Cicuta virosa

- **Staude**
- **Juni bis August**
- **0,50–1,50 m**

Der Wasserschierling gehört zu den giftigsten Pflanzen Deutschlands. Neben dem Standort – er steht gerne im Wasser – und den Blättern sind der bis 1 cm breite, hohle Stengel und der gekammerte, hohle Wurzelstock wichtige Bestimmungskriterien. Das Gift ist in allen Pflanzenteilen enthalten, vor allem jedoch im Wurzelstock. Da der Wasserschierling durch Trockenlegungsmaßnahmen selten geworden ist, kommen kaum noch tödliche Vergiftungen vor. Früher wurde der Wasserschierling als schmerzstillendes Mittel z.B. bei Rheuma verwendet (in der Homöopathie noch heute).

Blütenstand und Blätter

- **Merkmale**
  Blüten (Durchmesser 2 mm) in zusammengesetzter Dolde, 8–20 Dolden erster Ordnung; Blätter wechselständig, zwei- bis dreifach gefiedert, Fiedern schmal mit nach vorn gerichteten Zähnen
- **Vorkommen**
  schlammige, teilweise übeschwemmte, humushaltige, saure Böden
- **Verbreitung**
  im Tiefland zerstreut, in Mittelgebirge und Alpenvorland selten

- einjährig
- Mai bis Juli
- 30–90 cm

- **Merkmale**
  Blüten (Durchmesser 3 mm) in zusammengesetzter Dolde, 15–20 Dolden zweiter Ordnung; Blätter wechselständig, zweifach gefiedert

- **Vorkommen**
  nährstoffreiche, lockere Lehm- oder Tonböden; Wiesen, Wegränder

- **Verbreitung**
  fehlt im Tiefland und in Mittelgebirgen mit kalkfreiem Gestein; häufig; bis über 1.500 m

Wilde Möhre

Daucus carota

Mitten in der Dolde der Wilden Möhre sitzt meist eine, selten mehrere, fast schwarze Blüte, die ein ebenso sicheres Kennzeichen darstellt wie die zur Fruchtzeit nestartig zusammengezogenen Dolden erster Ordnung. Die Wilde Möhre ist die Stammart der Gartenmöhre, ihre Wurzel kann als Wildgemüse gegessen werden. Sie ist jedoch deutlich dünner als die Zuchtform und enthält kaum Karotin – daher ist sie weiß gefärbt. Früher trug sie in Notzeiten häufig zur Ernährung der ärmeren Bevölkerung bei.

Blüten- und Fruchtstand

Wiesen-Bärenklau

Heracleum sphondylium

- Staude
- Juni bis September
- 0,50–1,50 m

Die äußeren Blüten in den Dolden des Wiesen-Bärenklaus sind deutlich größer (Durchmesser bis 1 cm) als die inneren. Sein hohler, an der Basis bis 2 cm dicker Stengel ist kantig gefurcht und borstig behaart, die Blattscheiden sind bauchig weit aufgebläht. Die Inhaltsstoffe der Pflanze (Furanocumarine) gehören zu den sogenannten phototoxischen Wirkstoffen. Gelangen sie auf die Haut, bilden sich unter der Einwirkung von Sonnenlicht Rötungen und Blasen aus („Wiesendermatitis"). Noch heftiger ist diese Reaktion beim Riesenbärenklau *(Heracleum mantegazzianum)*, der bis 3 m hoch wird.

aufgeblähte Blattscheiden

- **Merkmale**
  Blüten (Durchmesser 5 mm) in zusammengesetzter Dolde, 15–30 Dolden zweiten Ordnung; Blätter wechselständig, bis 50 cm lang, fast ungeteilt bis tiefer eingeschnitten
- **Vorkommen**
  stickstoffreiche, lockere Lehm- oder Tonböden; Wiesen, Wegränder, lichte Wälder
- **Verbreitung**
  sehr häufig; bis über 2.200 m

- **Staude**
- **Juni bis Juli**
- **2–3 m**

- **Merkmale**
zweihäusige Pflanze, Blüten (Durchmesser 1–1,2 cm, weibliche etwas kleiner) mit fünf Kronblättern; Blätter behaart, handförmig fünflappig, buchtig eingeschnitten

- **Vorkommen**
stickstoffreiche, lockere, humose Lehmböden; Gebüsche, Ödland

- **Verbreitung**
in Mittelgebirgen mit Lehmböden zerstreut, im Tiefland selten

Zweihäusige Zaunrübe

Bryonia dioica

Die Zweihäusige Zaunrübe trägt entweder männliche Blüten (Staubgefäße) in lang gestielten Trauben oder weibliche (Fruchtknoten) in doldenartigen Blütenständen in den Achseln der oberen Blätter. Die Frucht ist eine rote Beere. Als Kletterpflanze, die sich zumeist üppig entwickelt, kann man bei der Zaunrübe gut die zu Schrauben gedrehten Ranken beobachten. Umkehrpunkte, an denen die Drehrichtung umkehrt, reduzieren die Spannung der Schraube. Wegen der großen Ähnlichkeit wurde die Wurzel dieser giftigen Pflanze früher von Betrügern als heilkräftige Alraune verkauft.

Beeren und Schraubenranken

Fieberklee

Menyanthes trifoliata

- Staude
- Mai bis Juli
- 15–30 cm

Die Blüten des Fieberklees haben fünf Kronzipfel, die am Rand und in der Mitte lange Fransen tragen. Ihre Farbe spielt zwischen reinweiß und hellrosa. Die kleeartigen, aber viel größeren Blätter stehen wechselständig an einem kriechenden Stengel. Er ist als 1–1,5 cm dickes Rhizom ausgebildet, wächst auf oder unter dem Schlamm und besiedelt so weite Bereiche seines Standortes. Der Name deutet auf die alte Verwendung als fiebersenkendes Mittel. Heute werden Fieberkleeblätter aus Einfuhren – die Pflanze ist geschützt – nur noch als appetitanregender Tee verwendet.

blühende Pflanze

Merkmale
Blüten (Durchmesser 1–1,8 cm) zu 5–15 in einer dichten Traube; Blätter wechselständig, dreiteilig, kleeartig; Stiele am Grund scheidig

Vorkommen
kalkarme, moorige Böden; Flachmoore, Quellsümpfe, Hochmoorschlenken

Verbreitung
Tiefland, Alpenvorland, Mittelgebirge mit Moorgebieten verstreut bis selten; vereinzelt bis über 2.000 m

- **Staude**
- **Juni bis September**
- **1–3 m**

Gewöhnliche Zaunwinde

Calystegia sepium

Die Gewöhnliche Zaunwinde gehört zu den heimischen Pflanzen mit den größten Blüten. Sie sind im Knospenstadium gedreht, öffnen sich weit trichterförmig und schließen sich bei trübem Wetter und Regen. Direkt unterhalb des Kelches sitzen zwei längliche Vorblätter, die eigentlichen Kelchblätter sind nur am Grund verwachsen. Die Gewöhnliche Zaunwinde ist eine Kletterpflanze, deren Sproß durch ungleiches Wachstum innerhalb von zwei Stunden einen vollen Kreis von mehreren Dezimeter Durchmesser beschreibt. Trifft er auf einen Widerstand, rankt er sich um ihn herum und verankert die Pflanze.

Blüten und Blätter

- **Merkmale**
  einzelne Blüten (Durchmesser 3,5–6 cm) in den Blattachseln; Blätter wechselständig, herz- oder pfeilförmig, 4–12 cm lang
- **Vorkommen**
  nährstoffreiche, feuchte Lehm- oder Tonböden; Röhricht, Ufer, Ödland, Gärten
- **Verbreitung**
  häufig; bis 1.000 m

Schwarzer Nachtschatten

Solanum nigrum

Namensgebend für den Schwarzen Nachtschatten ist die Frucht, eine tiefschwarze Beere (Durchmesser 7–10 mm). Die fünfzipfelige Blüte sitzt in einem 2 mm langen Kelch. Ihre gelben Staubgefäße neigen sich zu einem Kegel zusammen und ragen aus der Blüte heraus. Die Pflanze gehört zu den Nachtschattengewächsen; sie enthält giftige Alkaloide, die vor allem in den unreifen Früchten in hoher Konzentration vorkommen. Zur selben Familie gehören auch einige Nutzpflanzen, wie die Kartoffel oder die Tomate – auch sie enthalten Gifte, allerdings nicht in den eßbaren Teilen.

Knospen, Blüten und Beeren

- **einjährig**
- **Juni bis Oktober**
- **10–80 cm**

- **Merkmale**
  Blüten (Durchmesser 1,2–1,8 cm) in rispigen Blütenständen in den Achseln der mittleren und oberen Blätter; Blätter wechselständig, eiförmig bis fast dreieckig
- **Vorkommen**
  stickstoffreiche Lehm- oder Tonböden; Hackfruchtäcker, Ödland
- **Verbreitung**
  zerstreut; in den Alpen bis 1.000 m

- **Staude**
- **Juni bis September**
- **Schwimmblattpflanze**

- **Merkmale**
  Blütendurchmesser 15 cm; 12–30 Blütenblätter in mehreren Kreisen, gelbe Narben; rundliche Schwimmblätter (Durchmesser 10–30 cm)
- **Vorkommen**
  nicht zu kalte, nährstoffreiche, langsam fließende oder stehende Gewässer
- **Verbreitung**
  verstreut

Weiße Seerose

Nymphaea alba

Mit ihren großen, weißen Blüten und den Schwimmblättern bilden Seerosen das beherrschende Element in Teichen und ruhig fließenden, tiefen Gewässern. Sie wachsen in einer Wassertiefe von 1–3 m. Der gerbstoffreiche Wurzelstock wurde früher zum Gerben von Fellen verwendet. Heute ist die seltene Pflanze geschützt und darf nicht aus der Natur entnommen werden. Seerosen reagieren auf Licht: Sie öffnen ihre Blüten nur während der hellen Tagesstunden. Die Bestäubung wird von pollenfressenden Käfern und Fliegen vollzogen.

Blatt und Blüte

Busch-Windröschen

Anemone nemorosa

- Staude
- März bis Mai
- 5–25 cm

Beim Busch-Windröschen schwankt die Zahl der Blütenblätter zwischen fünf und sechs (manchmal mehr), sie sind außen, vor allem im Knospenstadium, deutlich rötlich überlaufen. Während es im Frühling weite Flächen überdeckt, verwelkt es schon im Frühsommer wieder, wenn sich das Laubdach des Waldes entfaltet hat. Bis zum nächsten Frühling zieht es sich in den kräftigen Wurzelstock zurück. Wie die meisten Hahnenfußgewächse enthält auch das Busch-Windröschen Gifte, die bei empfindlichen Personen Hautreizungen hervorrufen können.

blühende Pflanze

Merkmale
einzelne Blüten (Durchmesser 2,5–4 cm) in einem Hochblattquirl; Blütenblätter kahl bis wenig behaart; Blätter handförmig geteilt

Vorkommen
lockere, nährstoffreiche, humusreiche Böden; lichte Wälder, Hecken, schattige Wiesen

Verbreitung
in den Alpen bis über 2.000 m; häufig

- **Staude**
- **Februar bis Dezember**
- **5–15 cm**

- **Merkmale**
einzelne Körbchen (Durchmesser 1–3 cm) am Ende von blattlosen Stengeln; Blätter in grundständiger Rosette
- **Vorkommen**
stickstoffreiche, nicht zu trockene Lehm- und Tonböden; Wiesen, Rasen, Wegränder
- **Verbreitung**
sehr häufig

Gänseblümchen

Bellis perennis

Das Körbchen des Gänseblümchens enthält am Rand weibliche Zungenblüten, die oft rötlich überlaufen sind; im Zentrum stehen gelbe, zwittrige Röhrenblüten. Da die Pflanze auch häufiges Mähen verträgt, ist sie vor allem auf Zierrasen weit verbreitet. Die ersten frischen Blätter des Frühlings lassen sich als Wildkräutersalat zubereiten. Weniger bekannt ist die Nutzung der Blüten als Heiltee gegen Husten und Bronchitis, Leber- und Gallenbeschwerden. Größere, farbige und gefüllte Formen werden auch als Gartenpflanzen angeboten.

blühende Pflanze

Edelweiß

Leontopodium alpinum

- Staude
- Juli bis August
- 5–20 cm

Das Glück, ein wildes Edelweiß an seinem natürlichen Standort zu bewundern, dürften wohl nur die wenigsten haben. So maßlos haben die Blumenwilderer der Vergangenheit unter dieser Schönheit gewütet. Allerdings wird Edelweiß in vielen Alpengärten gezeigt. Ihre weißen, filzig behaarten „Blütenblätter" sind Hochblätter, die den Gesamtblütenstand umgeben. Die äußeren, dünnen Blüten im Körbchen sind weiblich, die dickeren, röhrenförmigen in der Mitte männlich. Die in den Grund hinein verschmälerten Blätter sind – als Verdunstungsschutz – oberseits locker, unten dicht behaart.

blühende Pflanze

Merkmale
Blüten in Körbchen (Durchmesser 4–8 mm), davon bis zu zwölf in einem von Hochblättern umgebenen Gesamtblütenstand; Stengelblätter wechselständig, schmallanzettlich, bis 5 cm lang

Vorkommen
kalkhaltiger Untergrund; Felsspalten, lückige Matten

Verbreitung
Alpenpflanze, sehr selten

- einjährig
- Juni bis Oktober
- 20–60 cm

- **Merkmale**
  Blüten in Körbchen (Durchmesser 7 mm) traubig-doldig am Stengelende; Blätter gegenständig, eiförmig zugespitzt
- **Vorkommen**
  stickstoffreiche, kalkarme Böden; Gärten, Hackfruchtäcker, Ödland
- **Verbreitung**
  fehlt gebietsweise auf Kalk, sonst zerstreut

Kleinblütiges Franzosenkraut

Galinsoga parviflora

blühende Pflanze

Am Rand der Körbchen des Kleinblütigen Franzosenkrautes stehen fünf weiße, weibliche Zungenblüten, in der Scheibenmitte gelbe, zwittrige Röhrenblüten. An dem ästig verzweigten Stengel sitzen die Blätter, die sich in den Stiel verschmälern; die oberen Blätter sitzen fast dem Stengel an. Das Kleinblütige Franzosenkraut ist eine eingeführte, verwilderte Pflanze. Im Jahre 1794 kamen einige Exemplare aus den Peruanischen Anden in den Botanischen Garten von Paris. 1805 brach sie aus dem Botanischen Garten von Karlsruhe aus und war um 1910 in ganz Deutschland verbreitet.

Wiesen-Schafgarbe

Achillea millefolium

- Staude
- Juni bis September
- 15–60 cm

Die Blüten der Wiesen-Schafgarbe stehen in einem Körbchen, das am Rand aus weiblichen Zungen- (etwa 2 mm lang, hellrosa bis fast reinweiß), im Innern aus zwei bis neun zwittrigen, röhrigen Scheibenblüten besteht. Bis zu 100 Körbchen bilden den Blütenstand, dessen Oberfläche doldenartig verebnet erscheint. Durch die Teilung der Blätter sind die Fiedern kaum 0,5 mm breit. Die Wiesen-Schafgarbe – der Blütenstand wird von Schafen verschmäht (Name) – ist eine alte Heilpflanze, die noch heute bei Appetitlosigkeit und Durchfall, äußerlich gegen Wunden angewandt wird.

blühende Pflanze

Merkmale
Blüten (Durchmesser der Körbchen 4–10 mm) in kleinen Körbchen in einer Doldenrispe; Blätter wechselständig, zwei- bis dreifach fiederteilig

Vorkommen
stickstoffhaltige, nicht zu trockene Lehmböden; Halbtrockenrasen, Fettwiesen

Verbreitung
sehr häufig; bis etwa 2.000 m

- einjährig
- Mai bis September
- 15–50 cm

- **Merkmale**
  Blüten in Körbchen (Durchmesser 1,5–2,5 cm) an den Enden eines ästig verzweigten Stengels; Blätter wechselständig, zwei- bis dreifach fiederteilig
- **Vorkommen**
  stickstoffhaltige Lehmböden; Ödland, Äcker, Brachen, Wegränder
- **Verbreitung**
  fehlt gebietsweise im sandigen Tiefland, bzw. in kalkhaltigen Gebirgen; bis über 1.500 m

Echte Kamille

Chamomilla recutita

Die Echte Kamille zeichnet sich durch den intensiven Kamillenduft aus, der beim Zerreiben der Blütenköpfchen frei wird. Duft und Heilkraft der Kamille beruhen auf einem ganzen Cocktail von Inhaltsstoffen, die von ätherischen Ölen über Flavonoide bis zu Cumarinen und viele andere mehr. Kamille hilft äußerlich bei Haut- und Schleimhautentzündungen, innerlich bei Magen- und Darmbeschwerden. Wer ganz sichergehen will, kann den Blütenstand längs durchschneiden. Nur die Echte Kamille hat einen hohlen Blütenboden, bei der ähnlichen Acker-Hundskamille *(Anthemis arvensis)* ist er markig.

Acker-Hundskamille

Margerite

Chrysanthemum leucanthemum

- Staude
- Mai bis Oktober
- 0,20–1 m

Die Margerite hat als Zuchtform eine große Karriere als Schnitt- und Gartenblume gemacht. Sie gehört jedoch in ihrer Wildform zum üblichen Anblick natürlicher Wiesen. Da sie wenig ertragreiches Futter liefert, wurde sie auf bearbeiteten Mähwiesen vielfach verdrängt. Die randlichen, weißen Zungenblüten sind weiblich, die gelben Scheibenblüten zwittrig. Während die Grundblätter gestielt und fiederteilig sind, sitzen die oberen Blätter dem Stengel an und sind fast ganzrandig. Seltener kommt die gelbe Saat-Wucherblume *(Chrysanthemum segetum)* vor, die als Kulturbegleiter aus dem Mittelmeergebiet stammt.

Saat-Wucherblume

- **Merkmale**
  Blüten in Körbchen (Durchmesser 3–6 cm) am Ende des Stengels; Blätter wechselständig, Stengelblätter schmaleiförmig, gezähnt
- **Vorkommen**
  stickstoffhaltige, mäßig trockene Böden; Fett- und Waldwiesen, Halbtrockenrasen
- **Verbreitung**
  sehr häufig

- **Staude**
- **Juni bis September**
- **0,50–1,80 m**

- **Merkmale**
  zahlreiche Blüten (Durchmesser 1–1,5 cm) in einem dichten, rispigen Blütenstand; Blätter wechselständig, elliptisch, zugespitzt

- **Vorkommen**
  kalkhaltige oder basenreiche, feuchte Lehm- oder Tonböden; feuchte Wiesen, lichte Wälder, Flachmoore

- **Verbreitung**
  Alpen, Alpenvorland, Bayerischer Wald, Schwäbischer Jura; 700–2.000 m

Weißer Germer

Veratrum album

Der Weiße Germer wächst mehrere Jahre lang, ohne zu blühen. Auf den ersten Blick scheint er dann hochwüchsigen Enzianarten zu gleichen, seine wechselständigen Blätter sind jedoch ein sicheres Unterscheidungsmerkmal (Enzian hat gegenständige Blätter). Die sechszähligen Blüten spielen von reinweiß bis zu grünlich-weiß. Der Weiße Germer enthält giftige Alkaloide, die als Nervengift wirken (1–2 g der getrockneten Wurzel sind für einen Menschen tödlich). Das Weidevieh erkennt die Pflanze und läßt sie stehen.

Blütenstand

Bärlauch

Allium ursinum

- **Staude**
- **April bis Juni**
- **15–50 cm**

Hängt bei einem Frühlingsspaziergang in einem schattigen Wald intensiver Knoblauchduft in der Luft, trifft man bald auf einen Bestand des Bärlauchs. Er enthält ätherische Öle mit Schwefelverbindungen, die denen des verwandten Knoblauchs ähneln. Heute nimmt er – nach früherer Nutzung als Heilpflanze – in der Wildkräuterküche wieder an Bedeutung zu. Sein Stengel ist dreikantig oder rund, die Blätter ähneln jenen des Maiglöckchens. Die sechs schmalen, meist zugespitzten Blütenblätter bilden einen Stern. Anders als die Küchenzwiebel bildet der Bärlauch nur eine sehr schmale Zwiebel aus.

Blütenstand und Blätter

- **Merkmale**
  10–25 Blüten (Durchmesser 1–2 cm) in einer Scheindolde; meist zwei Grundblätter
- **Vorkommen**
  nährstoffreiche, lockere, tiefgründige, feuchte bis nasse Böden; Laub-, Misch- und Auenwälder
- **Verbreitung**
  fehlt im Tiefland auf nährstoffarmen Böden, in Mittelgebirgen mit Silikatgestein und Alpenvorland; zerstreut

- Staude
- Mai bis Juni
- 10–20 cm

- **Merkmale**
  Blüten zu drei bis zehn in einer Traube (8–14 mm), nickend, stark duftend; Blätter mit grundständigen Blattscheiden, daraus wächst auch der dünne Stengel hervor
- **Vorkommen**
  tiefgründige, humushaltige Lehmböden; Laubwälder in nicht zu kalten Regionen
- **Verbreitung**
  fehlt im Tiefland und Alpenvorland in kleineren Gebieten; bis zur Baumgrenze; meist in sehr großen Beständen

Maiglöckchen

Convallaria majalis

blühende Pflanze

Das Maiglöckchen breitet sich über einen kriechenden Wurzelstock aus. Aus diesem verzweigten, dünnen Rhizom wachsen jeweils zwei bis drei Blätter aus, die sich erst nach der Blüte voll entfalten. Die Blüten – die Blütenblätter sind zu einer weiten Glocke verwachsen – sind alle zur gleichen Seite hin gerichtet. Als Frucht wird eine leuchtend rote Beere gebildet. Das Maiglöckchen enthält in allen Teilen giftige Glykoside, die aber nur schlecht vom Körper aufgenommen werden. Die pulverisierten Blüten sind ein Bestandteil von Schnupftabak; die Pflanzendroge wird als Herzmittel und in der Homöopathie verwendet.

Vielblütige Weißwurz
Polygonatum multiflorum

- **Staude**
- **Mai bis Juni**
- **30–70 cm**

Die Vielblütige Weißwurz hat einen aufrechten bis gebogenen Stengel ohne Kanten, an dem 8–15 cm lange, 3–6 cm breite Blätter gerade ausgebreitet sind. Die Blütenblätter sind zu einer engen Glocke mit sechs kurzen Zipfeln verwachsen, die nur für langrüsselige Insekten zugänglich ist. Als Frucht wird eine schwarze Beere ausgebildet (Durchmesser 1 cm). Auf dem kriechenden Rhizom bleiben Narben von alten Trieben zurück, die an ein Siegel erinnern (daher auch der Name Salomonssiegel). Die Wohlriechende Weißwurz *(Polygonatum odoratum)* hat einen kantigen Stengel und einzeln stehende Blüten.

Wohlriechende Weißwurz

- **Merkmale**
  je zwei bis fünf Blüten (1–1,5 cm lang) büschelig in den Achseln der Blätter; Blätter wechselständig, eiförmig
- **Vorkommen**
  feuchte, nährstoffreiche, humushaltige Lehmböden; Laubwälder, lichte Nadelwälder
- **Verbreitung**
  zerstreut; in den Alpen bis über 1.800 m

- Staude
- Februar bis April
- 5–25 cm

- **Merkmale**
  einzelne, nickende Blüten (2 cm lang); 10–20 cm lange, über 1 cm breite Grundblätter
- **Vorkommen**
  tiefgründige, lockere, humusreiche, feuchte Lehm- oder Tonböden; Sumpf- und Bergwiesen, feuchte Wälder
- **Verbreitung**
  selten; in den Alpen bis 1.500 m

Märzenbecher

Leucojum vernum

Der Märzenbecher oder die Frühlings-Knotenblume hat sechs gleichartige, getrennte Blütenblätter, die an der Spitze einen grünlichen bis gelben Fleck tragen. Der Blütenstiel ist etwa so lang wie das Tragblatt, aus dem er entspringt. Obwohl die Blüten kaum Nektar produzieren, werden sie von Bienen bestäubt. Als „Belohnung“ finden sie an der Blütenbasis ein weiches, zuckerreiches Gewebe, das sie anbohren können. Dabei stoßen sie an die Staubgefäße und der Pollen rieselt aus den nach unten geöffneten Staubbeuteln heraus. Der Märzenbecher ist geschützt; er enthält ein giftiges Alkaloid.

blühende Pflanze

Kleines Schneeglöckchen

Galanthus nivalis

- Staude
- Februar bis April
- 5–20 cm

Das Kleine Schneeglöckchen gehört zu den ersten Blütenpflanzen des Jahres; es kann sogar bereits zwischen Schneeflecken blühen. Die Blüte besteht aus zwei Kreisen mit je drei Blütenblättern. Während die größeren, äußeren rein weiß sind, weisen die inneren grüne Spitzen und Streifen aus. Sie duften etwas stärker und dienen als Saftmale der Orientierung bestäubender Insekten. Das Schneeglöckchen enthält – vor allem in der Zwiebel – giftige Alkaloide. Da die Pflanze selten ist, steht sie unter Schutz, auch wenn anzunehmen ist, daß sie vielerorts aus Gärten verwildert ist.

blühende Pflanze

Merkmale
einzelne Blüten (1,5–2 cm lang) an dünnen Stielen; zwei schmale Blätter, 10 cm lang, 1 cm breit

Vorkommen
nährstoffreiche, tiefgründige, feuchte Lehm- oder Tonböden; feuchte Berg- und Auenwälder, Bergwiesen

Verbreitung
selten; in den Alpen bis über 2.000 m

- Staude
- Mai bis Oktober
- 5–20 cm

- **Merkmale**
kriechender Stengel; Schmetterlingsblüten (7–10 mm lang) gestielt, zu 30–70 in einem Köpfchen; verblühte Blüten nach unten geneigt; Blätter wechselständig, kleeartig dreigeteilt

- **Vorkommen**
etwas feuchte, lehmige, stickstoffreiche Böden; Fettwiesen und Rasen

- **Verbreitung**
in den Alpen bis über 2.500 m; sehr häufig

Kriechender Weiß-Klee

Trifolium repens

Das Blütenköpfchen des Kriechenden Weiß-Klees blüht von unten nach oben auf, so daß es in einen oberen, blühenden und einen unteren, nicht blühenden Teil gegliedert ist. Der Kriechende Weiß-Klee ist eine wichtige Viehfutterpflanze, wird allerdings auch gerne von Bienen angeflogen. Die Pflanze bewurzelt sich an den Knoten – Stücke überleben auch dann, wenn sie abgetrennt werden. Da der Kriechende Weiß-Klee Schnitt gut verträgt, siedelt er sich selbst in regelmäßig gemähten Zierrasen an. Vor allem während Trockenperioden hat er mit seinen tiefreichenden Wurzeln einen Vorteil gegenüber den Gräsern.

blühende Pflanze

Weiße Taubnessel

Lamium album

- Staude
- April bis Oktober
- 15–20 cm

Die Weiße Taubnessel hat einen vierkantigen Stengel und brennesselartige Blätter, denen jedoch die Brennhaare fehlen (Name). Die helmförmige Oberlippe der Blüte ist am Rand bewimpert. Die beiden seitlichen Lappen der Unterlippe sind sehr klein, der Mittellappen tief herzförmig ausgerandet. Wegen der tiefen Kronröhre gelangen nur Hummeln an den Nektar. Dabei streifen sie mit dem Rücken über die Staubgefäße und bestäuben die Narbe. Erdhummeln und Ameisen beißen ein Loch in die Krone und bedienen sich am Nektar, ohne die Blüte zu bestäuben.

blühende Pflanze

- **Merkmale**
  6–16 Lippenblüten (2–2,5 cm lang) in Quirlen in den Achseln der oberen Blätter; Blätter gegenständig, brennesselartig gezähnt, 3–8 cm lang, 2–4 cm breit
- **Vorkommen**
  stickstoffreiche, nicht zu trockene Lehmböden; Wegränder, Ödland, Gebüsche, Waldränder
- **Verbreitung**
  sehr häufig; in den Alpen bis über 2.000 m

- **Staude**
- **Mai bis Juni**
- **20–50 cm**

- **Merkmale**
  mehrere Blüten (Durchmesser 2,5–3,5 cm) in einer lockeren Ähre; Blätter wechselständig, eiförmig, 4–10 cm lang
- **Vorkommen**
  kalkhaltige oder basenreiche Böden mit Mullauflage; Laub- und Mischwälder, Halbtrockenrasen (Gebüschschatten)
- **Verbreitung**
  fehlt weitgehend im Tiefland und in Mittelgebirgen mit Silkatgestein; bis 1.500 m

Weißes Waldvögelein
Cephalanthera damasonium

blühende Pflanze

Wie alle Orchideen ist das Weiße Waldvögelein selten und geschützt. Seine Blüten spielen von cremeweiß bis elfenbeinfarben. Im Unterschied zu anderen Vertretern der Familie neigen sich die Hüllblätter der Blüte eng zusammen. Im Bereich des Blütenstandes ist der Stengel deutlich geschlängelt und kantig. Obwohl der ährige Blütenstand scheinbar wie eine Traube aussieht, handelt es sich bei den „Blütenstielen“ in Wirklichkeit um die gedrehten Fruchtknoten. Die Pflanze besitzt einen kurzen, waagerecht wachsenden Wurzelstock. Von ihr wurden mehrfach chlorophyllfreie, weiße Albinos gefunden.

Weg-Rauke

Sisymbrium officinale

- einjährig
- Mai bis Oktober
- 30–60 cm

Sicheres Kennzeichen der Weg-Rauke sind die Schoten. Sie werden 1–1,5 cm lang, etwa 1 mm dick und liegen dem Stengel sehr eng an. Die 1–3 mm langen Fruchtstiele sind etwa so dick wie die Schoten. Da die Blütenstände von unten nach oben aufblühen, findet man neben den Schoten meist noch doldenartig zusammenstehende obere Blüten. Die Weg-Rauke ist ein Stickstoffanzeiger, sie weist auf nährstoffreiche Standorte hin. Neben Gerbstoffen und Senfölglycosiden enthält sie möglicherweise herzwirksame Glycoside. Heute wird sie nicht mehr als Heilpflanze verwendet.

Blüten und Schoten

- **Merkmale**
  vierzählige Blüten (Durchmesser 4–7 mm) in ährenartigen Trauben, die vom Stengel abstehen; Blätter wechselständig, fiedrig geteilt mit buchtig gezähnten Abschnitten
- **Vorkommen**
  stickstoffreiche Lehm- oder Sandböden; Wege, Ödland
- **Verbreitung**
  fehlt in den Mittelgebirgen und in den Alpen oberhalb von 1.000 m; häufig

- Staude
- Mai bis September
- 20–80 cm

- **Merkmale**
  auffallend gelber Milchsaft (Stengel abbrechen); vier Blütenblätter (Durchmesser 1,5–2,5 cm); Blätter unregelmäßig gefiedert, Fiedern eingebuchtet

- **Vorkommen**
  stickstoffreiche, feuchte Böden; schattige Standorte in Hecken, an Waldrändern, auf Ödland

- **Verbreitung**
  in den Alpen bis über 1.600 m; häufig

Schöllkraut

Chelidonium majus

blühende Pflanze

Der aufrechte, verzweigte Stengel des Schöllkrautes ist abstehend behaart. Schöllkraut ist ein Mohngewächs, das in allen Teilen verschiedene Alkaloide enthält. Obwohl es zu den Giftpflanzen gezählt wird, kommen kaum Vergiftungen vor. Bricht man Teile der Pflanze ab, tritt auffallend orangegelber Milchsaft aus. Er enthält teilungshemmende Substanzen, die Warzen verschwinden lassen können (altes Heilmittel). Für die Alchimisten war der Milchsaft eine von vielen Zutaten bei ihren Versuchen, Gold zu machen.

Schwarzer Senf

Brassica nigra

Der Schwarze Senf ist nur durch eine Kombination von Merkmalen zu erkennen: Seine Blütenblätter sind dunkel geadert und verkehrt eiförmig, die aufrecht abstehend behaarten Kelchblätter eingerollt. Zur Fruchtzeit sind die aufrechten, vierkantigen, 15–20 mm langen Schoten dem Stengel angedrückt. Während die unteren, gestielten Blätter in ein bis vier unregelmäßige Abschnitte geteilt sind – der Endabschnitt ist stets deutlich größer –, sind die oberen Blätter schmal-eiförmig bis lanzettlich und ungeteilt. Aus den Samen wird unser Senf hergestellt.

blühende Pflanze

- **einjährig**
- **Juni bis September**
- **0,60–1,20 m**

- **Merkmale**
  vierzählige Blüten (Durchmesser 5–9 mm) in halbkugeligen Trauben; untere Blätter unregelmäßig fiederteilig, obere ungeteilt

- **Vorkommen**
  stickstoffhaltige, feuchte bis nasse Lehm- oder Tonböden; Ödland, Äcker, Wegränder

- **Verbreitung**
  an Rhein, Elbe, Weser, Donau, Lech, Küste Schleswig Holsteins; zerstreut

- einjährig
- Mai bis Oktober
- 20–60 cm

- **Merkmale**
vierzählige Blüten (Durchmesser 1–2 cm) in halbkugeliger Dolde; Blätter wechselständig, untere gestielt, obere sitzend, alle buchtig gezähnt bis tief eingeschnitten

- **Vorkommen**
nährstoffreiche, kalkhaltige Lehmböden; Äcker, Gärten, Ödland

- **Verbreitung**
fehlt im Tiefland und in Mittelgebirgen mit kalkarmen Gesteinen; in den Alpen bis 2.500 m; sehr häufig

Acker-Senf

Sinapis arvensis

blühende Pflanze mit Schoten

Die Kelchblätter des Acker-Senfs stehen waagerecht ab. Sie sind nach innen eingerollt und erscheinen daher schmal. Die kantige Schote ist etwa 2,5–4 cm lang und 2–3 mm dick. Der Acker-Senf gehört zu den Ackerwildkräutern, denen auch der massive Einsatz von Herbiziden kaum geschadet hat. Seine Samen, die tief im Boden lagern können, bleiben angeblich 50 Jahre lang keimfähig und werden durch den Pflug immer wieder an die Oberfläche befördert. Früher wurden die Samen des Acker-Senfs zu Heilzwecken eingesetzt, heute verwendet man dazu nur noch den Weißen Senf.

Wechselblättriges Milzkraut
Chrysosplenium alternifolium

Das Wechselblättrige Milzkraut zeigt feuchte, mullhaltige Böden an. Seine Blütenhülle besteht nur aus den vier breit-eiförmigen Kelchblättern. Im Unterschied zum Gegenblättrigen Milzkraut *(Chrysosplenium oppositifolium* mit gegenständigen Blättern) sitzen am zwei- bis dreikantigen Stengel wechselständige Blätter. Sie sind ähnlich wie die Grundblätter im Umriß nierenförmig. Nach der Signaturenlehre sah man in ihnen eine Ähnlichkeit mit der Milz und nutzte sie als Heilpflanze. Inhaltsstoffe, die eine Verwendung als Heilpflanze rechtfertigen, konnten jedoch nicht nachgewiesen werden.

Gegenblättriges Milzkraut

- **Staude**
- **März bis Mai**
- **5–20 cm**

- **Merkmale**
  Blüten (Durchmesser 3–5 mm) in den Achseln flach ausgebreiteter Tragblätter; Blätter wechselständig, rundlich-nierenförmig, gekerbt
- **Vorkommen**
  sickerfeuchte, nährstoff- und humusreiche Böden; Auenwälder, feuchte Laubwälder, Erlenbrüche
- **Verbreitung**
  fehlt gebietsweise im Tiefland und Hessischen Bergland; sonst zerstreut; in den Alpen bis 2.500 m

- Staude
- April bis Juli
- 15–50 cm

- **Merkmale**
  Blüten in einem doldigen Blütenstand mit 10–20 Strahlen; Blätter wechselständig, 1,5–3 cm lang, 2–3 mm breit
- **Vorkommen**
  kalkhaltige, trockene Lehm- oder Tonböden; Halbtrockenrasen, Schotterflächen, Schutt
- **Verbreitung**
  fehlt gebietsweise im Tiefland; in den Alpen bis über 2.000 m; häufig

Zypressen-Wolfsmilch

Euphorbia cyparissias

blühende Pflanze

Der Blütenaufbau der Zypressen-Wolfsmilch erschließt sich erst bei genauem Hinsehen (Lupe): Eigentlich handelt es sich um einen Blütenstand (Cyathium) mit einem heraushängenden Fruchtknoten, und fünf Reihen von männlichen Blüten, die wie Staubblätter aussehen. Zwischen den gelben Hochblättern sitzen halbmondförmige Nektardrüsen. Bricht man Teile der Zypressen-Wolfsmilch ab, tritt ein zäher, weißer Milchsaft aus. Er enthält giftige, hautreizende Diterpene, die Verätzungen in den Augen hervorrufen. Auf der Pflanze lebt die Raupe des Wolfsmilchschwärmers.

Echtes Labkraut

Galium verum

Die Blüten des Echten Labkrautes duften intensiv nach Honig. Der Kelch ist nur als Ring zu erkennen, die vier Kronblätter sind ohne Kronröhre flach ausgebreitet. An jedem Knoten stehen etwa acht bis zwölf Blätter, die höchstens 2 mm breit werden. In den Blättern ist ein Stoff enthalten, der wie das Labferment aus Kälbermagen die Milch zum Gerinnen bringt. Früher nutzte man daher das Echte Labkraut zur Käseherstellung. Außerdem enthält die Pflanze Farbstoffe, um Stoffe zu färben – die oberirdischen Teile enthalten gelbe, der Wurzelstock rote Farbstoffe.

blühende Pflanze

- **Staude**
- **Mai bis September**
- **10–70 cm**

- **Merkmale**
  zahlreiche Blüten (Durchmesser 2–4 mm) in endständiger Rispe; quirlständige, nadelförmige Blätter, 1–2,5 cm lang

- **Vorkommen**
  kalkhaltige, nährstoffarme, trockene Böden; trockene Rasen und Gebüsche

- **Verbreitung**
  im Norddeutschen Tiefland selten; in Sandgebieten örtlich fehlend; sonst häufig

- **Staude**
- **Mai bis September**
- **15–30 cm**

- **Merkmale**
  Blüte (Durchmesser 1 cm) mit vier Kronblättern, vier schmale und vier breitere Kelchblätter; Stengelblätter wechselständig, handförmig in fünf gezähnte Fiedern geteilt
- **Vorkommen**
  nährstoffarme, neutrale bis saure Böden; Magerrasen, Heiden, lichte Wälder, Torf
- **Verbreitung**
  häufig, aber meist nur wenige Exemplare

Aufrechtes Fingerkraut

Potentilla erecta

Blüten mit vier Kronblättern

Die Blüte des Aufrechten Fingerkrautes hat, als Ausnahme unter den Rosengewächsen, nur vier Kronblätter, selten kommen auch Pflanzen mit weniger oder mehr Kronblättern vor. Die Grundblätter sind stets kleiner als die Stengelblätter und häufig zur Blütezeit bereits abgestorben. Einer der deutschen Namen – Blutwurz – nimmt Bezug auf die Inhaltsstoffe des Wurzelstocks, der im frischen Zustand rot gefärbt ist. Mit einem Gerbstoffgehalt von 15–20 % eignet sich das Aufrechte Fingerkraut als Heilmittel bei Durchfallerkrankungen und Schleimhautentzündungen im Mund- und Rachenraum.

Gelbe Teichrose

Nuphar lutea

- Staude
- Juni bis September
- Schwimmblätter

Die Blüte der Gelben Teichrose oder Mummel wird von fünf größeren Blütenblättern und einem inneren Ring kleinerer, ebenfalls gelber Honigblätter gebildet. Die Narbe ist mit 1–1,5 cm Durchmesser recht groß. Die Früchte der Gelben Teichrose sind dank Luftkammern schwimmfähig und sinken erst in einigem Abstand von der Mutterpflanze zu Boden. Den Winter übersteht die Pflanze mit armdicken Wurzelstöcken am Teichgrund, aus denen im Frühjahr zunächst zarte Unterwasserblätter, später dann die kräftigen und großen Schwimmblätter sprießen.

Blüte und Schwimmblatt

Merkmale
Gelbe Blüten (Durchmesser 3,5–5 cm) an Stengeln aus dem Wasser ragend; Blätter (10–30 cm lang, 8–20 cm breit) am Grund herzförmig eingebuchtet

Vorkommen
nährstoffreiche, bis mäßig nährstoffreiche, ruhige Gewässer mit schlammigem oder sandigem Grund

Verbreitung
fehlt weitgehend in Mittelgebirgen und den Alpen

- **Staude**
- **März bis Mai**
- **15–60 cm**

- **Merkmale**
  Blüte (Durchmesser 2,5–4 cm) aus fünf dottergelben, glänzenden Blütenblättern; Blätter wechselständig, glänzend, nierenförmig

- **Vorkommen**
  nasse, nährstoffreiche Böden; Wiesen, Bach- und Teichränder, Moore

- **Verbreitung**
  in den Alpen bis über 2.200 m; häufig

Sumpf-Dotterblume
Caltha palustris

blühende Pflanze

Die glänzenden, gelben Blüten der Sumpf-Dotterblume bestimmen den Frühlingsaspekt feuchter Standorte. Am Grund der Blütenblätter sammelt sich Nektar, der von den Fruchtknoten ausgeschieden wird; Bienen und Fliegen sorgen für die Bestäubung. Die 8–15 cm breiten Blätter entspringen aus einem hohlen Stengel. Obwohl die Pflanze als schwach giftig gilt (Protanemonin, Alkaloide und Saponine) wurden die Knospen mancherorts in Essig eingelegt und als Kapernersatz verzehrt. Die Sumpf-Dotterblume verbreitet sich über schwimmende Samen.

Kriechender Hahnenfuß

Ranunculus repens

- Staude
- Mai bis August
- 10–50 cm

Der Kriechende Hahnenfuß läßt sich von ähnlichen Arten der Gattung durch die kriechenden Ausläufer, die sich manchmal an den Blattansätzen bewurzeln, und den deutlich gestielten Mittelabschnitt der gefiederten Blätter unterscheiden. Solche Ausläufer dienen der vegetativen Verbreitung (unabhängig von Samen): Durch die Bewurzelung der Abschnitte entstehen immer wieder neue Pflanzen, die noch weiterleben, wenn die Mutterpflanze längst abgestorben ist. Der giftige Kriechende Hahnenfuß ist ein Stickstoffanzeiger. Die Art kann je nach Standort unterschiedliche Blattformen und Blütengrößen aufweisen. Auf feuchten Wiesen bildet der Kriechende Hahnenfuß regelmäßig beherrschende Bestände aus.

blühende Pflanze

- **Merkmale**
  kriechende, oberirdische Ausläufer; Blüten (Durchmesser 2–3 cm) in lockerem Blütenstand; Blätter fiederteilig mit gestieltem Mittelabschnitt
- **Vorkommen**
  feuchte, steinige, humushaltige Böden; Ufer, Wiesen, Wälder und Ödland
- **Verbreitung**
  in den Alpen bis über 2.200 m; sehr häufig

- **Staude**
- **Juni bis August**
- **3–15 cm**

- **Merkmale**
  gelbe Blüten (Durchmesser 1–1,6 cm); dickfleischige, dem Stengel anliegende Blättchen (oben flach, unten gewölbt)
- **Vorkommen**
  trockene, humusarme, steinige Böden; sogar in Mauerfugen
- **Verbreitung**
  fehlt im Tiefland und in Mittelgebirgen mit kalkarmen Böden; in den Alpen bis über 2.000 m

Scharfer Mauerpfeffer

Sedum acre

Milder Mauerpfeffer

Der deutsche Name Scharfer Mauerpfeffer bezieht sich auf den scharfen Geschmack der Blätter. Sie dürfen allerdings nicht heruntergeschluckt werden (kauen, ausspucken), denn die Pflanze enthält Alkaloide und ist giftig. Mit dem Saft heilte man früher Wunden und Geschwüre. Der Mauerpfeffer speichert Wasser in seinen Blättern (Sukkulenz) und kann so trockene Perioden überdauern. Der am gleichen Standort vorkommende Milde Mauerpfeffer *(Sedum sexangulare)* hat kleinere Blüten und am Grunde gespornte Blätter.

Gewöhnlicher Odermennig

Agrimonia eupatoria

Der Gewöhnliche Odermennig trägt seine gefiederten Blätter (fünf bis neun Fiederpaare und eine einzelne Endfieder; jeweils 2–6 cm lang) am nur wenig verzweigten, dicht behaarten Stengel. Diese alte Heilpflanze gehört noch heute zu den zugelassenen Drogen der Phytomedizin. Sie enthält vor allem Gerbstoffe und wird bei leichten Durchfallerkrankungen, Entzündungen jeglicher Art im Mund- und Rachenraum und bei Hautentzündungen verordnet. Der lateinische Artname bezieht sich auf den griechischen Sagenkönig Mithridates Eupator, dem man einen Heiltrank gegen Gifte aller Art zuschrieb.

blühende Pflanze

- Staude
- Juli bis September
- 50–150 cm

- **Merkmale**
  Blüten (Durchmesser 7–10 mm) in langen Trauben; Blätter wechselständig, gefiedert mit gezähnten Fiedern, dazwischen winzige Fiedern
- **Vorkommen**
  nährstoffreiche, kalkhaltige, lockere Böden; Gebüsche, Trockenrasen, Wald- und Wegränder
- **Verbreitung**
  fehlt im Tiefland, auf kalkfreien Böden in Mittelgebirgen und teilweise im Alpenvorland

- **Staude**
- **Mai bis August**
- **5–15 cm**

- **Merkmale**
einzelne, langgestielte Blüten (Durchmesser 2–2,5 cm); Blätter wechselständig, gefiedert mit 2,5–4 cm langen, gezähnten Fiedern, unterseits lang behaart

- **Vorkommen**
feuchte, stickstoffreiche, lehmig-tonige Böden; Wegränder und Ufer

- **Verbreitung**
fehlt in hohen Lagen der Mittelgebirge; in den Alpen bis 2.000 m; häufig

Gänse-Fingerkraut

Potentilla anserina

Das Gänse-Fingerkraut ist ein Stickstoffanzeiger. Es wächst aus einem knolligen Rhizom aus; die Stengel kriechen über den Boden und bilden an den Knoten bewurzelte Tochterrosetten. Häufig findet man zwischen den Fiedern der Blätter noch kleinere Fiederchen. Wegen des hohen Gerbstoffgehaltes wird das Gänse-Fingerkraut als Heilpflanze geschätzt. Ein Tee aus den getrockneten Blättern hilft bei Durchfallerkrankungen und Schleimhautentzündungen im Bereich von Mund und Rachen; außerdem enthält es krampflösende Wirkstoffe.

Pflanze mit knolligem Rhizom

Echtes Johanniskraut

Hypericum perforatum

- **Staude**
- **Juni bis August**
- **30–80 cm**

Das Echte Johanniskraut trägt seinen Namen nach der Blütezeit um den Johannistag (24. Juni) und spielt eine große Rolle im Volksglauben. Zerquetscht man die gelben Blüten, tritt ein blutroter Farbstoff aus (Johannisblut). Derselbe Farbstoff ist auch für die Lichtkrankheit von Tieren verantwortlich, die zu viel Johanniskraut gefressen haben. In den Blättern sitzen große Ölbehälter, die mit bloßem Auge gegen das Licht sichtbar sind. In Öl extrahierte Blüten liefern ein Heilmittel gegen Sonnenbrand, zudem wird die Droge bei leichten Depressionen verordnet.

Pflanze mit perforierten Blättern

- **Merkmale**
  zahlreiche Blüten (Durchmesser 2–2,5 cm) in Rispen am verzweigten Stengel, zahlreiche Staubblätter in drei Gruppen; Blätter gegenständig, etwa eiförmig, 1–2 cm lang, 0,7–1 cm breit
- **Vorkommen**
  nährstoffarme, tiefgründige, trockene Böden; lichte Wälder, Gebüsche, Trockenrasen, Wegränder
- **Verbreitung**
  sehr häufig; bis über 1.500 m

- zweijährig
- Juli bis August
- 0,30–1,20 m

Pastinak

Pastinaca sativa

Der gefurchte bis gerillte Stengel des Pastinak ist im unteren Teil schütter, im Bereich des Blütenstandes dichter borstlich behaart. Die Fiedern der Blätter – der Blattgrund ist scheidig ausgebildet – sind am Rand ungleich gekerbt. Aus der Wildform hat man eine Kulturpflanze gezüchtet, die sich durch eine große, rübenartige Wurzel auszeichnet. Sie enthält Eiweiß, Stärke und viel Vitamin C. Bis sich die Kartoffel durchsetzte, diente der Kulturpastinak als Grundnahrungsmittel. Wurzel und Blätter der Wildform können als Wildgemüse zubereitet werden.

blühende Pflanze

Merkmale
Blüten (Durchmesser 2 mm) in zusammengesetzter Dolde, 5–20 Dolden zweiter Ordnung; Blätter wechselständig, gefiedert, zwei bis sieben Paare von Seitenfiedern

Vorkommen
kalkhaltige, nährstoffreiche, lockere Lehm- oder Tonböden; Bahndämme, Ödland und Wiesen

Verbreitung
fehlt im Tiefland und in Mittelgebirgen mit silikatreichem Gestein; zerstreut; bis 1.500 m

Große Schlüsselblume

Primula elatior

- **Staude**
- **März bis Mai**
- **10–20 cm**

Die Kronblätter der Großen Schlüsselblume bilden zunächst eine von dem Kelch umgebene Kronröhre und breiten sich dann flach aus. Da alle Blüten innerhalb der Dolde in dieselbe Richtung zeigen, bezeichnet man Blütenstände dieser Art als einseitswendig. Der Ähnlichkeit mit dem Bart eines Schlüssels verdankt die Blume ihren deutschen Namen. Die Rosettenblätter werden 5–20 cm lang und verschmälern sich in den geflügelten Stiel. Die Pflanze enthält Saponine, wird aber als Heilpflanze weniger geschätzt als die seltenere Echte Schlüsselblume.

blühende Pflanze

- **Merkmale**
  5–20 Blüten (Durchmesser 1,2–2 cm) in einer Dolde auf langem, blattlosem Schaft; Blätter in einer Rosette
- **Vorkommen**
  humose, nährstoffreiche, etwas feuchte Lehmböden; Wiesen, lichte Wälder
- **Verbreitung**
  fehlt stellenweise im Tiefland und auf sandigem Boden; sonst sehr häufig; in den Alpen bis über 2.200 m

- Staude
- März bis Mai
- 5–20 cm

- **Merkmale**
  5–20 Blüten (Durchmesser 0,8–1,5 cm) in einer Dolde auf langem, blattlosem Schaft; Blätter in einer Rosette
- **Vorkommen**
  kalkhaltige, stickstoffarme, trockene, lockere Lehmböden; Halbtrockenrasen, trockene Wiesen, lichte Laubwälder
- **Verbreitung**
  fehlt weitgehend im Norddeutschen Tiefland, selten in Gebieten mit kalkfreiem Gestein; sonst zerstreut

Echte Schlüsselblume

Primula veris

Die Echte ist viel seltener als die Große Schlüsselblume und steht unter Schutz. Man kann die Arten anhand der unterschiedlichen Standortansprüche, aber auch durch die Blüte unterscheiden: Die Krone der Echten Schlüsselblume ist glockenförmig und ragt aus einem aufgeblasenen Kelch heraus. Da die Echte Schlüsselblume noch immer eine geschätzte Heilpflanze ist, behilft sich der Handel mit Importen aus Ländern, wo die Pflanze häufig vorkommt. Der Tee aus den Blüten ist ein mildes, schleimlösendes Mittel bei Husten, Erkältungskrankheiten und Bronchitis.

blühende Pflanze

Gewöhnlicher Gilbweiderich

Lysimachia vulgaris

Der Gewöhnliche Gilbweiderich ist eine typische Uferpflanze, die mit Unterwassertrieben bis ins Flachwasser vordringt. Zur Unterscheidung von dem recht ähnlichen Punktierten Gilbweiderich *(Lysimachia punctata)* muß man sich die Zipfel der Kelchblätter anschauen: Sie sind drüsig bewimpert, am Grund behaart und am Rand rötlich gefärbt. Der Punktierte Gilbweiderich hat gleichmäßig behaarte, nie rot gefärbte Kelchzipfel. Heute werden Art und Sorten regelmäßig als Zierpflanzen für Gartenteiche angeboten, früher schrieb man ihr sogar Heilkräfte zu.

Punktierter Gilbweiderich

- **Staude**
- **Juni bis August**
- **0,60–1,20 m**

- **Merkmale**
  Blüten (Durchmesser 1,5–2,5 cm) in kurzen Trauben oder Rispen am Stengelende oder in den Achseln der oberen Blätter; Blätter gegen- oder quirlständig, weidenartig, 8–15 cm lang
- **Vorkommen**
  feuchte bis nasse, moorige oder sandig-lehmige Böden; Auenwälder, Ufer, Sumpfwiesen
- **Verbreitung**
  häufig, außer in Trockengebieten

- **Staude**
- **Juni bis August**
- **0,50–1,20 m**

- **Merkmale**
  Blüten (Durchmesser 5–7 cm) zu drei bis zehn büschelig in den Achseln von Tragblättern; Blätter gegenständig, bis über 25 cm lang

- **Vorkommen**
  basische Lehmböden (auch ohne Kalk); Rasen, Latschengebüsch; Halbtrockenrasen (feuchte Stellen)

- **Verbreitung**
  Rhön, Südschwarzwald, Hochvogesen, Schweizer und Schwäbischer Jura; Kalkalpen; bis über 2.500 m

Gelber Enzian

Gentiana lutea

blühende Pflanze

Zur Blütezeit ist der Gelbe Enzian unverwechselbar. Der zwei- bis sechszipfelige Kelch ist auf einer Seite tief, die Blütenkrone tief in fünf bis sechs schmale, spitze Zipfel eingeschnitten. Obwohl auf den Enzianflaschen meist blaue Formen abgebildet werden, liefert der bis 7 kg schwere Wurzelstock des Gelben Enzians den Grundstoff für den gleichnamigen Schnaps. Dank ihrer Bitterstoffe ist die Pflanze auch eine Heilpflanze, die bei Verdauungsbeschwerden, Appetitlosigkeit und Blähungen verordnet wird. Da alle Enzianarten geschützt sind, wird der Gelbe Enzian auch kommerziell angebaut.

Schwarze Königskerze

Verbascum nigrum

Kleinblütige Königskerze

Die fast unverzweigte, hoch aufragende Schwarze Königskerze hat lang gestielte, 15–40 cm lange Grundblätter, die oberen Blätter sind kleiner und kürzer gestielt; alle haben einen herzförmigen Grund, sind grob gekerbt und unterseits filzig behaart. Ein sicheres Kennzeichen sind die Blüten: Umhüllt vom Kelch mit fünf linealen Zähnen breitet sich die Krone weit aus. An purpur–violett, wollig behaarten Staubfäden hängen orangefarbene Staubbeutel. Die Kleinblütige Königskerze hat am Stengel herablaufende, beidseitig behaarte Blätter. Aus den Blüten beider Arten wird ein Tee gegen Husten hergestellt.

- **einjährig**
- **Juni bis August**
- **0,50–1 m**

- **Merkmale**
  zahlreiche Blüten (Durchmesser 1,8–2,5 cm) in einem traubigen Blütenstand; Blätter wechselständig, eiförmig bis länglich
- **Vorkommen**
  stickstoffreiche, lockere, humushaltige Lehmböden; Ödland, Raine, Wegränder, Waldlichtungen
- **Verbreitung**
  fehlt in Teilen des Nordwestdeutschen Tieflandes; sonst zerstreut; bis etwa 1.000 m

- **einjährig bis Staude**
- **Mai bis Oktober**
- **30–60 cm**

- **Merkmale**
  Blüten (Durchmesser 3,5–7 mm) in langen, reichblütigen Trauben; Blätter wechselständig, drei- oder fiederteilig, größere Abschnitte nochmals gegliedert
- **Vorkommen**
  nährstoffreiche, lockere Lehmböden; Ödland, Wegränder, Bahnschotter
- **Verbreitung**
  fehlt gebietsweise im Tiefland und höheren Mittelgebirgen; zerstreut

Gelber Wau

Reseda lutea

Färber-Wau

Der gelbe Wau hat Blüten mit sechs Kronblättern. Die beiden oberen sind dreizipfelig, die seitlichen und unteren sind ungeteilt. Eigentlich stammt der Gelbe Wau aus dem Mittelmeergebiet. Er wurde entlang der Eisenbahnlinien nach Mitteleuropa eingeschleppt und eingebürgert. In den nördlichen Breiten und den hohen Mittelgebirgen sind ihm die Winter zu kalt. Der Färber-Wau *(Reseda luteola)* wurde früher sogar angebaut. Er liefert einen Farbstoff, mit dem man Stoffe (vor allem Seide) gelb bis olivgrün färben kann. Seine Blätter sind ungeteilt und verschmälern sich in den Blattgrund.

Scharbockskraut

Ranunculus ficaria

Die Blütezeit, die gezähnten bis ganzrandigen Blätter und die 6–14 gelben Blütenblätter sind sichere Kennzeichen, um das bemerkenswerte Scharbockskraut zu bestimmen. Es gehört zu den ersten, frischen, grünen Pflanzen, die man als vitamin-C-reichen Wildsalat zubereiten kann. Daher wurde es früher als Heilmittel gegen Skorbut geschätzt (Scharbock ist ein alter Name für Skorbut). Ab der Blüte sollte man die Blätter jedoch nicht mehr verwenden, denn dann enthalten sie das giftige Protanemonin. In den Blattachseln sitzen Brutknöllchen, die der Verbreitung dienen.

blühende Pflanze

- **Staude**
- **März bis Mai**
- **5–30 cm**

- **Merkmale**
  Blüten (Durchmesser 2–3 cm) einzeln am Ende des Stengels und der Seitenäste; Blätter fleischig, etwa herzförmig
- **Vorkommen**
  feuchte, nährstoff- und humusreiche Böden; Auenwälder, Laubwälder, Parks, Hecken
- **Verbreitung**
  Mittelgebirge bis über 1.000 m, in den Alpen bis über 1.400 m; sehr häufig

- **Staude**
- **Juli bis Oktober**
- **0,20 – 1,20 m**

- **Merkmale**
  Blüten in Körbchen (Durchmesser 1 – 2 cm) in einem rispigen Blütenstand; Blätter wechselständig, schmal eiförmig bis lanzettlich

- **Vorkommen**
  lockere, steinige Lehmböden; lichte Wälder, Heiden, Halbtrockenrasen

- **Verbreitung**
  fehlt gebietsweise im Nordwestdeutschen Tiefland; in den Alpen bis 2.500 m

Gewöhnliche Goldrute

Solidago virgaurea

Kanadische Goldrute

Die Körbchen (am Rand sitzen weibliche Zungenblüten, in der Mitte zwittrige Röhrenblüten) der Gewöhnlichen Goldrute werden von lanzettlichen, häutigen Hüllblättern mit einem grünen Mittelnerv umschlossen. Ihre unteren Blätter verschmälern sich in einen geflügelten Stiel, die mittleren sind nur noch undeutlich gestielt und die oberen sitzen direkt dem Stengel an. Die Goldrute ist eine alte Heilpflanze, die vor allem als wassertreibendes Mittel bei Blasen- und Nierenentzündungen verordnet wird. Weit verbreitet ist auch die verwilderte Kanadische Goldrute *(Solidago canadensis)*.

Färberkamille

Anthemis tinctoria

blühende Pflanze

Früher nutzte man den gelben Blütenfarbstoff der Färberkamille, um Wolle zu färben. Heute ist die Pflanze jedoch selten geworden. Die wollig-filzig behaarten Hüllblätter des Körbchens stehen in mehreren Reihen. Weibliche Zungenblüten bilden den Rand des goldgelben Körbchens, der innere Blütenboden ist halbkugelig aufgewölbt, und zwischen den zwittrigen Röhrenblüten wachsen lanzettliche Spreublätter. Die vier bis sechs Teilblättchen der Blätter sind kammförmig eingeschnitten. Trotz ihres Namens hat die Färberkamille keine medizinische Bedeutung.

- **Staude**
- **Juli bis September**
- **20–60 cm**

- **Merkmale**
  Blüten in einzelnen Körbchen (Durchmesser 2,5–4 cm) am Stengelende; Blätter wechselständig, fiederteilig, vier bis sechs Abschnitte

- **Vorkommen**
  steinig-trockene Böden; Trockenrasen, Dämme, Wege

- **Verbreitung**
  über Kalk und Vulkangestein selten, sonst sehr selten; bis 1.000 m

- einjährig
- Juni bis September
- 5–35 cm

- **Merkmale**
  Blüten in einzelnen Körbchen (Durchmesser 5–8 mm) am Ende des Stengels und der Seitenäste; Blätter wechselständig, zwei- bis dreifach fiederteilig, Zipfel 0,5–1 mm breit
- **Vorkommen**
  stickstoffreiche Lehm- oder Tonböden; Ödland, Wegränder
- **Verbreitung**
  sehr häufig; bis 1.000 m

Strahlenlose Kamille

Matricaria discoidea

blühende Pflanze

Die Strahlenlose Kamille kommt mit stark verdichteten Böden zurecht und wächst daher auch auf häufig begangenen Stellen. Obwohl sie ähnlich wie die Echte Kamille (s. Seite 46) duftet, fehlt ihr das medizinisch wirksame Chamazulen. Die rundlichen Körbchen mit den winzigen Röhrenblüten haben einen halbkugeligen, hohlen Blütenboden; Randblüten werden nur sehr selten ausgebildet und bleiben auch dann schuppig. Die Pflanze stammt ursprünglich aus Nordasien und Nordamerika, hat sich aber seit 1850 in ganz Europa ausgebreitet.

Gewöhnlicher Beifuß

Artemisia vulgaris

Den Gewöhnlichen Beifuß findet man fast regelmäßig auf Ödland und Brachflächen. Innerhalb eines Blütenstandes stehen viele Hundert einzelne Körbchen, die nur aus Röhrenblüten bestehen. Die Hüllblätter sind dicht weißfilzig behaart und häufig rötlich überlaufen. Die Größe der Blätter nimmt von unten nach oben ab, die oberen sitzen ohne Stiel dem Stengel an. Stets ist jedoch ihre Unterseite grauweiß-filzig behaart. Die ganze Pflanze riecht aromatisch. Vor der Blüte gesammelt, liefert das Kraut einen verdauungsfördernden Tee und kann auch als Gewürz für fettreiches Geflügel verwendet werden.

Blütenstand

- **Staude**
- **Juli bis September**
- **0,30–1,50 m**

- **Merkmale**
  Blüten in kleinen Körbchen, in zahlreichen Trauben in den oberen Blattachseln und am Sproßende; Blätter wechselständig, gefiedert, 10 cm langer Stiel, obere Blätter sitzend

- **Vorkommen**
  stickstoffreiche Lehm- oder Tonböden; Ödland, Wege, Ufer

- **Verbreitung**
  sehr häufig

- Staude
- Februar bis Mai
- 5–15 cm

- **Merkmale**
  Blüten in einzelnen Körbchen (Durchmesser 2–2,5 cm) am Stengelende; Blätter zur Blütezeit schuppig, nach der Blüte grundständig, herzförmig
- **Vorkommen**
  kalkhaltige, feuchte, humusarme Böden; Ödland, Wege, Schutt
- **Verbreitung**
  sehr häufig; in den Alpen bis über 2.200 m

Huflattich

Tussilago farfara

Blüten, Blätter und Wurzeln

Zur Blütezeit des Huflattichs sind nur schuppenförmige Stengelblätter ausgebildet. Das Blütenköpfchen schließt sich in der Nacht und nickt bei Regenwetter. Sobald alle Blüten bestäubt wurden, neigt sich der Stengel herab und richtet sich erst wieder auf, wenn die flugfähigen Samen freigesetzt werden. Danach stirbt der Stengel ab. Nun treiben aus dem Wurzelstock 20 cm lange, filzig behaarte, herzförmige Blätter aus. Huflattichtee aus Blättern und Blüten hilft bei Hustenreiz und Katarrhen. Allerdings enthält die Pflanze Pyrrolizidin-Alkaloide und sollte nur begrenzt verwendet werden.

Rainfarn

Chrysanthemum vulgare

Mit einem Farn hat der Rainfarn trotz seines Namens nichts zu tun – die farnartig zerteilten Blätter waren namensgebend. Innerhalb der Körbchen sind die randlichen, weiblichen Zungenblüten oft kaum von den zwittrigen, röhrigen Scheibenblüten zu unterscheiden. Früher waren Blätter und Blüten ein beliebtes Heilmittel, da der Rainfarn jedoch das giftige Thujon enthält, wird heute von der Verwendung abgeraten. Der Rainfarn ist eine Kompaßpflanze: An stark besonnten Standorten stellt er die Blattspreiten als Sonnenschutz senkrecht und nach Süden.

blühende Pflanze

- **Staude**
- **Juli bis September**
- **0,40–1,50 m**

- **Merkmale**
  Blüten in flachen Körbchen (Durchmesser 0,5–1,1 cm) in einer Rispe am Ende des Stengels; Blätter wechselständig, sieben bis zwölf Fiedern (lineal-lanzettlich, gesägt)
- **Vorkommen**
  stickstoffreiche Lehm- oder Tonböden; Ufer, feuchtes Ödland, Wegränder, lichte Wälder
- **Verbreitung**
  häufig, in höheren Mittelgebirgen und Alpen örtlich seltener; bis 1.000 m

- **Staude**
- **Mai bis August**
- **20–60 cm**

- **Merkmale**
  Blüten in zwei bis fünf Körbchen (Durchmesser 5–8 cm) am Ende des Stengels; Blätter in grundständiger Rosette und gegenständig, eiförmig bis lanzettlich, sitzend

- **Vorkommen**
  kalk- und stickstoffarme, humose Lehm oder Tonböden; Heiden, Bergweiden, lichte Wälder, Moore

- **Verbreitung**
  in Alpen und -vorland auf kalkfreien Böden zerstreut; bis 2.500 m

Arnika, Bergwohlverleih

Arnica montana

blühende Pflanze

Vielleicht ist Arnikatinktur bekannter als das Aussehen der Pflanze. In der Tat gehört die Arnika heute zu den geschützten Seltenheiten. Das Blütenkörbchen wird von zwei Reihen lanzettlicher, behaarter Hüllblätter umschlossen. Die randlichen, weiblichen Zungenblüten werden 2–3 cm lang und 3–6 mm breit; im Körbcheninnern sitzen zwittrige Röhrenblüten auf einem spreublattlosen Blütenboden. Nach oben hin werden die Stengelblätter deutlich kleiner. Als Heilkraut – Muskel- und Gelenkschmerzen, Prellungen, Quetschungen usw. – wird die Arnikablüte noch immer geschätzt, stammt z. T. aber aus Kulturen.

Gewöhnliches Greiskraut

Senecio vulgaris

- einjährig
- Februar bis Dezember
- 10–40 cm

In den Körbchen des Gewöhnlichen Greiskrautes stehen bis zu 50 Röhrenblüten. Nach der Befruchtung entwickeln die Achänen (Früchte) dichte, weißseidige Flughaare, die an den weißen Schopf alter Menschen erinnern (Name). Die Pflanze stammt wahrscheinlich aus dem Mittelmeerraum und hat sich mit der menschlichen Anbaukultur weit verbreitet. Es blüht und fruchtet fast während des gesamten Jahres, hat als lichtbedürftige Pflanze aber nur eine Überlebenschance, wenn es nicht von anderen Pflanzen beschattet wird. Das Greiskraut enthält giftige Pyrrolizidin-Alkaloide.

Blüten und Früchte

Merkmale
Blüten in Körbchen (Durchmesser 5 mm) in einer Rispe; Blätter wechselständig, grob gezähnt bis fiederteilig, unterseits weißwollig behaart

Vorkommen
stickstoffreiche, humose, lockere Böden; Hackfruchtäcker, Gärten

Verbreitung
sehr häufig; bis zur Laubwaldgrenze

- Staude
- Juli bis Oktober
- 0,50–1,50 m

- **Merkmale**
Blüten in Körbchen (Durchmesser 3–4,5 cm) in doldig, rispigem Blütenstand; Blätter wechselständig, lanzettlich, gezähnt, gebuchtet oder fiederteilig

- **Vorkommen**
stickstoffreiche, humose Lehmböden; Äcker, Wegränder

- **Verbreitung**
sehr häufig; in den Alpen bis 1.500 m

Acker-Gänsedistel

Sonchus arvensis

Rauhe Gänsedistel

Die milchsaftführende Acker-Gänsedistel ist nur im Bereich des Blütenstandes verzweigt. Ihre Blätter sitzen dem Stengel an und sind am Grund mit abgerundeten Zipfeln stengelumfassend. Die Körbchen reagieren auf das Wetter: Bei Sonnenschein öffnen sie sich morgens zwischen sieben und acht Uhr und schließen sich bereits zwischen 10 und 14 Uhr wieder. Mehrreihige, gelb und weiß behaarte Hüllblätter schließen das Körbchen ein. Ebenso häufig ist die Rauhe Gänsedistel (*Sonchus asper*) zu finden. Ihre Blätter sind stachelig gezähnt und umschließen den Stengel mit breiten Zipfeln.

Wiesen-Löwenzahn

Taraxacum officinale

- **Staude**
- **März bis November**
- **5–50 cm**

Der schöne Anblick Tausender, gelb blühender Löwenzahnpflanzen auf einer Wiese ruft bei Ökologen nicht unbedingt reine Freude hervor. Durch Düngung werden Mähwiesen zu nährstoffreich für andere Wildblumen – ihre Stelle nimmt der Wiesen-Löwenzahn ein, der mit seiner tief reichenden Wurzel und der flachen Blattrosette Konkurrenten verdrängt. Wiesen-Löwenzahn enthält einen giftigen, weißen Milchsaft. Kraut und Wurzel ergeben einen mild wirkenden, wassertreibenden Tee, der den Gallefluß anregt. Junge Blätter vor der Blüte lassen sich als Wildkräutersalat zubereiten.

Blüten und Früchte

- **Merkmale**
  Blüten in einem einzelnen Körbchen (Durchmesser 2,5–5 cm) am Ende eines kahlen Schaftes; Grundblätter bis zum Mittelnerv fiederteilig
- **Vorkommen**
  stickstoffreiche Lehm- oder Tonböden; Rasen, Wegränder
- **Verbreitung**
  sehr häufig

- einjährig
- Juni bis August, Oktober
- 10–90 cm

- **Merkmale**
  Blüten in Körbchen (Durchmesser 1,5–2,5 cm), zahlreich in einer Rispe; Blätter wechselständig, schmal-eiförmig bis lanzettlich, eingebuchtet

- **Vorkommen**
  kalk- und stickstoffarme Böden; Ödland, Wege, Rasen

- **Verbreitung**
  fehlt im Tiefland, gebietsweise im Mittelgebirge, Alpen und Alpenvorland; sonst zerstreut

Kleinköpfiger Pippau

Crepis capillaris

Die Gattung *Crepis* ist mit über 20 Arten in Deutschland vertreten, die sich nicht leicht auseinanderhalten lassen und zudem noch vielgestaltig sein können. Der Kleinköpfige Pippau gehört zu den häufigsten Vertretern. Er enthält Milchsaft, auf dem Boden der Körbchen stehen keine Spreublätter, und der Pappus ist weich und reinweiß. Während die unteren Stengelblätter einen geflügelten Stiel haben, sind die oberen pfeilförmig stengelumfassend. Die Pappushaare (Haare um Fruchtknoten und Früchte) auf den Früchten wirken wie ein kleiner Fallschirm – der Wind kann sie kilometerweit verbreiten.

Blüten und Blätter

Kleines Habichtskraut

Hieracium pilosella

- **Staude**
- **Mai bis Oktober**
- **5–30 cm**

Das Blütenkörbchen des Kleinen Habichtskrauts besteht nur aus zwittrigen Zungenblüten. Es ist von drüsig behaarten Hüllblättern umgeben, die in mehreren Reihen stehen. Das Habichtskraut kann Samen ohne vorherige Bestäubung bilden (Apomixis). Es zeigt vielerlei Anpassungen an heiße, trockene Standorte. So weist bei starker Sonneneinstrahlung die Unterseite der Rosettenblätter nach oben, deren dichte, filzige Behaarung das Sonnenlicht reflektieren und einer Überhitzung vorbeugen. Aus den Rosetten wachsen Ausläufer aus, deren Blätter zur Spitze hin immer kleiner werden.

Pflanze mit Ausläufer

- **Merkmale**
  Blüten in einem einzelnen Körbchen (Durchmesser 2–3 cm) am Ende eines blattlosen Stengels; Blätter schmal-eiförmig, in einer Rosette
- **Vorkommen**
  magere, trockene, sandige Lehmböden; Magerrasen, Felsspalten, Trockenwälder
- **Verbreitung**
  häufig

- Staude
- Mai bis Juni
- 0,50–1,50 m

- **Merkmale**
zwei bis fünf gestielte Blüten (äußere Blätter 8 cm lang); Blätter 50–90 cm lang, 1–3 cm breit

- **Vorkommen**
basenreiche, stickstoffhaltige, sumpfige Böden; Ufer, Bruchwälder

- **Verbreitung**
zerstreut; im Gebirge bis 1.000 m

Sumpf-Schwertlilie

Iris pseudacorus

Blütenstand

Die Sumpf-Schwertlilie braucht ungestörte, stehende oder langsam fließende Gewässer, die bei uns immer mehr verschwinden. Die drei äußeren Blütenhüllblätter sind lang und nach außen geschlagen, die drei kleineren, inneren stehen aufrecht. Auch die Griffeläste sind blumenblattartig groß. Dunkle Adern (Saftmale) auf den äußeren Blütenblättern leiten Hummeln und Schwebfliegen den Weg zum Nektar im Blüteninneren. Dabei bestäuben sie die Narbe und pudern sich selbst mit Pollen ein. Auf dem Rückweg drücken sie die Narbe gegen den Griffel und verhindern so eine Selbstbestäubung.

Gelbe Narzisse, Osterglocke

Narcissus pseudonarcissus

Obwohl die geschützte Osterglocke zu den seltenen Pflanzen gehört, besiedelt sie ihre Standorte (Eifel, Vogesen) meist in großer Individuenanzahl. Die Blüte besteht aus sechs gleichartigen Blütenblättern, die senkrecht von der langen Blütenröhre – sie ist am Rand in der Regel gekraust – abstehen. Der Stengel ist stets deutlich zusammengedrückt und trägt vier bis sechs blaugrüne Laubblätter, die oft sehr schmal bleiben. Von der Osterglocke sind zahlreiche Sorten im Handel, die auch gefüllt oder mehrfarbig sein können. Die Pflanze enthält Alkaloide und organische Säuren und ist giftig.

blühende Pflanze

- **Staude**
- **März bis Mai**
- **20–40 cm**

- **Merkmale**
  einzelne, waagerecht abstehende Blüten (0,5–1,5 cm lang, Durchmesser 1,5–2,5 cm); Blätter wechselständig, bis 1,5 cm breit

- **Vorkommen**
  schwach saure, lehmige, feuchte Böden; Bergwiesen

- **Verbreitung**
  Mittelgebirge; gelegentlich aus Kultur verwildert; selten

- **einjährig**
- **Juni bis September**
- **30–120 cm**

- **Merkmale**
Schmetterlingsblüten (5–7 mm lang) in 10 cm langen Trauben in den Achseln von Tragblättern; Blätter wechselständig, dreizählig gefingert

- **Vorkommen**
nährstoffreiche, tiefgründige Böden; Unkrautgesellschaften auf Ödland, an Wegrändern

- **Verbreitung**
fehlt im Tiefland, sonst häufig; in den Alpen vereinzelt bis über 1.500 m

Echter Steinklee
Melilotus officinalis

Blütendetail

Vom sehr ähnlichen Hohen Steinklee *(Melilotus altissima)* ist der Echte Steinklee zu unterscheiden, wenn man die Einzelblüte genau betrachtet: Fahne und die beiden Flügel der Schmetterlingsblüte sind länger als das Schiffchen (siehe vordere Einbandklappe des Buches). Beim Hohen Steinklee sind die Flügel genauso lang wie das Schiffchen. Der Echte Steinklee ist eine alte Heilpflanze – er enthält Cumarin und duftet getrocknet nach Waldmeister – die auch in der modernen Pflanzenmedizin verwendet wird (u. a. Venenkrankheiten in den Beinen, Wadenkrämpfe, Hämorrhoiden, Blutergüsse).

Hopfenklee
Medicago lupulina

Der Hopfenklee wächst mit niederliegendem bis aufsteigendem Stengel und kann auch Rohböden besiedeln. An der Basis der gestielten Blätter – das mittlere Teilblättchen ist länger gestielt – sitzen ganzrandige Nebenblätter. Daß er zu den Schmetterlingsblütlern gehört, erkennt man nur bei genauer Betrachtung der winzigen Einzelblüten: Die Fahne ist relativ groß, das Schiffchen verhältnismäßig klein. Besonders charakteristisch für die Gattung sind die sichelförmigen Hülsenfrüchte. Gelegentlich wird der Hopfenklee als eiweißreiches Grünfutter für das Vieh ausgesät.

blühende Pflanze mit sichelförmigen Früchten

- **einjährig bis Staude**
- **Mai bis September**
- **10–30 cm**

- **Merkmale**
  10–50 Schmetterlingsblüten (2–4 mm lang) in kugeligen Blütenständen; Blätter wechselständig, dreizählig kleeartig
- **Vorkommen**
  tiefgründige, kalkhaltige Lehmböden; Wegränder, Raine, Wiesen, Halbtrockenrasen
- **Verbreitung**
  fehlt örtlich im Tiefland und auf kalkarmen Gestein; sehr häufig; in den Alpen bis 1.800 m

- Staude
- Mai bis August
- 5–30 cm

- **Merkmale**
  drei bis acht Schmetterlingsblüten (8–13 mm lang) in einem Köpfchen; Blätter wechselständig mit fünf Fiedern, davon zwei dem Stengel ansitzend

- **Vorkommen**
  nährstoffreiche Fettwiesen und Halbtrockenrasen; Wegränder, Gebüsche, Waldränder

- **Verbreitung**
  in den Zentralalpen bis fast 3.000 m; sehr häufig

Gewöhnlicher Hornklee

Lotus corniculatus

Erst zur Blütezeit wird der Name des Gewöhnlichen Hornklees deutlich: Seine Hülsen sehen aus wie leicht gekrümmte Hörner. Obwohl er nicht zu den Giftpflanzen gezählt wird, enthält er in geringen Mengen blausäureartige Glycoside. Daher kann es bei weidenden Tieren, die zu viel Hornklee fressen, zu Vergiftungen kommen. Die Bestäubung wird von Bienen und Hummeln vorgenommen, die sich auf dem Schiffchen niederlassen und unterseits mit Pollen eingepudert werden. Als Anpassung an seine trockenen Standorte bildet der Hornklee 1 m lange Wurzeln aus.

blühende Pflanze

Echter Wundklee

Anthyllis vulneraria

Die Einzelblüten des Echten Wundklees stehen in den Achseln von Hochblättchen und sind von einem bauchigen Kelch umgeben. Charakteristisches Merkmal sind die unteren, gefiederten Blätter: Unterhalb der 5–7 cm langen Endfieder folgen kleinere Seitenfiedern, deren Größe zur Basis hin noch abnimmt. Manchmal können sie auch ganz fehlen. Da Schiffchen und Flügel der Blüte fest miteinander verbunden sind, gelingt es nur Hummeln und Bienen, an den Nektar zu gelangen. Schmetterlingen bleibt der Weg versperrt. Der Wundklee galt sehr lange als heilkräftig bei allen leichten Verletzungen.

blühende Pflanze

- **Staude**
- **Mai bis Juni**
- **10–40 cm**

- **Merkmale**
  Schmetterlingsblüten (1–2 cm lang) zu 10–30 in einem Blütenstand; untere Blätter wechselständig, unpaarig gefiedert, die Endfieder (länglich eiförmig) ist deutlich länger als die Seitenfiedern
- **Vorkommen**
  kalkhaltiger Lehm- oder Lößboden; Trockenrasen und lichte, trockene Wälder
- **Verbreitung**
  fehlt im Tiefland westlich der Elbe und in kalkarmen Mittelgebirgen; in den Alpen bis 3.000 m

- einjährig
- Juli bis Oktober
- 50–100 cm

- **Merkmale**
  hängende Blüten (2,5–3 cm lang) mit langem, gekrümmtem Sporn; Blätter breitlanzettlich, 3–7 cm lang
- **Vorkommen**
  feuchte bis nasse, aber gut durchlüftete Böden; Wälder
- **Verbreitung**
  fehlt gebietsweise im Tiefland; sonst häufig und individuenreich; im Gebirge bis über 1.200 m

Rührmichnichtan

Impatiens noli-tangere

Das Echte Springkraut oder Rührmichnichtan ist, im Unterschied zum Indischen Springkraut (s. Seite 144), eine heimische Pflanze, die in Wäldern mit hoher Luftfeuchtigkeit wächst. Die goldgelben, im Schlund rot punktierten Blüten hängen an einem zerbrechlich wirkenden Stiel. Der Name beruht jedoch auf dem Verbreitungsmechanismus der Samen: In der Kapsel wird während der Samenreife eine hohe Gewebespannung aufgebaut. Wird die Spannung zu groß, reißt die Frucht explosionsartig auf, die Fruchtblätter rollen sich zusammen und schleudern die Samen fort.

blühende und fruchtende Pflanze

Wildes Stiefmütterchen

Viola tricolor

Das Wilde Stiefmütterchen hat eine mehrfarbige Blüte: Die beiden oberen Blätter sind weißlich oder blauviolett, die unteren gelb oder blaugelb; auch gelbe und blauviolette Formen kommen vor. Blütenbau und Farben haben im Volksglauben ihre Bedeutung (Name): Das unterste Blatt ist die Stiefmutter, die beiden seitlichen, gleich gefärbten sind die Töchter und die obersten die Stieftöchter. Aus dem Kraut wird noch heute ein Heilmittel gegen Hauterkrankungen bereitet. Da das Wilde Stiefmütterchen selten geworden ist, stammt das Heilkraut häufig aus menschlichen Anbau.

dreifarbig blühende Pflanze

- **einjährig**
- **Mai bis Oktober**
- **10–25 cm**

- **Merkmale**
  einzelne Blüten (Durchmesser 1–3 cm) auf langen Stielen; untere Blätter rundlich, obere länglich eiförmig, am Rand unregelmäßig eingebuchtet
- **Vorkommen**
  nährstoffreiche Lehmböden; Böschungen, Wegränder
- **Verbreitung**
  im Tiefland östlich der Elbe zerstreut; sonst in größeren Gebieten fehlend; selten

- **Staude**
- **Mai bis Juni**
- **15–45 cm**

- **Merkmale**
  sechs bis zehn Lippenblüten (1,5–2,5 cm lang) in Quirlen in den Achseln der oberen Blätter; Blätter gegenständig, brennesselartig gezähnt
- **Vorkommen**
  mullreiche, neutrale Böden; Wälder
- **Verbreitung**
  fehlt gebietsweise im Norddeutschen Tiefland; sonst häufig; in den Alpen bis zur Laubwaldgrenze

Goldnessel

Galeobdolon luteum

Die Goldnessel – früher stellte man sie mit den Taubnesseln in eine Gattung – hat einen vierkantigen Stengel. Die Oberlippe ihrer Blüte ist breit helmförmig aufgebogen und am Rand lang bewimpert. Der Mittellappen der Unterlippe – er ist etwas größer als die Seitenlappen – trägt braune Zeichnungen, die von Blüte zu Blüte variieren. Im Schatten bildet die Goldnessel manchmal meterlange Ausläufer aus. Daher wird sie gern in naturnahen Anlagen als Bodendecker gepflanzt – vor allem die panaschierten Formen, bei denen stellenweise das Blattgrün fehlt.

blühende Pflanze

Gewöhnliches Leinkraut

Linaria vulgaris

- Staude
- Juni bis September
- 20–60 cm

Das Gewöhnliche Leinkraut gehört dank seiner Blüten zu den unverwechselbaren Pflanzen: Der 3–6 mm lange Kelch ist bis fast zum Grund in fünf stumpfe Zipfel geteilt, die zweilappige Oberlippe steht aufrecht. Die dreilappige Unterlippe trägt am Schlundeingang zwei hochgewölbte, dunkelgelbe bis orangefarbene Wülste, die den Schlundeingang verschließen; der 1–1,5 cm lange Sporn ist gerade und spitz nach unten gerichtet. Nur Hummeln können sich durch den engen Schlundeingang quetschen. In den Alpen wächst das niederliegende Alpen-Leinkraut *(Linaria alpina)* mit violetten Blüten.

Alpen-Leinkraut

- **Merkmale**
  zahlreiche, gespornte Blüten (2–3,5 cm lang) in endständigen Trauben; Blätter wechselständig, lineal bis nadelig
- **Vorkommen**
  stickstoffhaltige, steinig-lockere Lehmböden; Wegränder, Waldlichtungen, Schotter, Steinbrüche
- **Verbreitung**
  häufig; in den Alpen bis zur Waldgrenze, gebietsweise fehlend

- einjährig
- Juni bis August
- 10–40 cm

- **Merkmale**
kurz gestielte Blüten (1–2 cm lang) in dichter Traube am Stengelende; Blätter gegenständig, schmal lanzettlich, sitzend, 1,5–10 cm lang, 0,3–2 cm breit

- **Vorkommen**
nährstoffarme, humusreiche Lehmböden; bodensaure Wälder, Heiden, Hochmoore

- **Verbreitung**
häufig; in den Alpen bis 2.000 m

Wiesen-Wachtelweizen

Melampyrum pratense

Die Blüten des Wiesen-Wachtelweizens stehen in einer einseitswendigen Traube – sie zeigen alle in die gleiche Richtung. Der Kelch ist ca. 8 mm lang und tief in vier lanzettliche Zipfel geteilt, die Blütenkrone zweilippig. Meist ist sie gelblich, kann aber auch weiß mit gelbem Schlund sein. Die seitlich zusammengedrückte Oberlippe und die gerade vorgestreckte Unterlippe lassen zwischen sich einen Schlund offen. Nur langrüsselige Insekten können die Blüten bestäuben, doch beißen Bienen die Krone manchmal seitlich an, um an den Nektar zu gelangen. Der Wachtelweizen ist ein Halbparasit.

blühende Pflanze

Kleiner Klappertopf
Rhinanthus minor

Die Samen in der Kapsel des Kleinen Klappertopfes machen bei Wind ein klapperndes Geräusch (Name). Seine zweilippigen Blüten sind von einem bauchigen Kelch mit vier kurzen Zähnen umgeben. Die helmförmige Oberlippe liegt der Unterlippe nicht an und läßt einen Schlund offen, durch den die bestäubenden Hummeln in die Blüte gelangen können. Im Unterschied zu anderen Arten der Gattung hat die Kronröhre des Kleine Klappertopfes eine gerade Rückenlinie und seitlich unten an der Oberlippe je ein kurzes Zähnchen. Die Pflanze zapft die Wurzeln anderer Wiesenpflanzen an (Halbparasit).

blühende Pflanze

- **einjährig**
- **Mai bis September**
- **10–40 cm**

- **Merkmale**
  sechs bis zwölf Blüten (1,3–1,7 cm lang) kurz in Blattachseln am Stengelende; Blätter gegenständig, sitzend, gezähnt, 2–4 cm lang, 0,5–1 cm breit

- **Vorkommen**
  kalk- und nährstoffarme Lehm- oder Tonböden; Wiesen, Weiden

- **Verbreitung**
  im Tiefland selten bis fehlend; bis 2.000 m

- Staude
- Mai bis August
- 5–20 cm

Merkmale
kleine Blüten in lockerer Rispe; Blätter wechselständig, immer (obere kurz) gestielt

Vorkommen
saure, nährstoffarme Böden; Heiden, Wiesen, Sandböden, saure Äcker

Verbreitung
in den Alpen bis 1.500 m; häufig

Kleiner Sauerampfer

Rumex acetosella

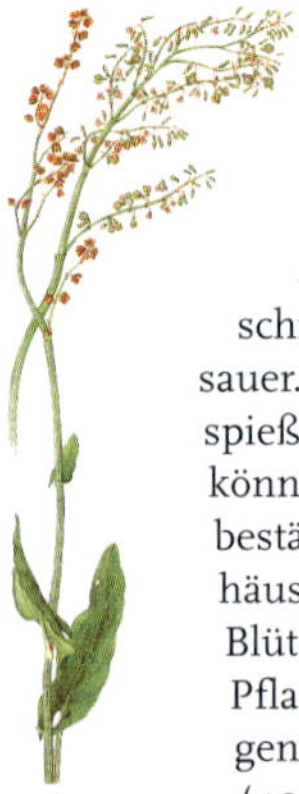

Großer Sauerampfer

Vom Großen Sauerampfer *(Rumex acetosa)* unterscheidet sich der Kleine Sauerampfer bereits durch die geringere Größe. Seine Blätter (kauen und ausspucken; Oxalsäuregehalt) schmecken etwas bitter und nicht sauer. Die unteren Blätter sind häufig spießförmig; bei den oberen Blättern können die Spießecken fehlen. Der windbestäubte Kleine Sauerampfer ist zweihäusig, d. h. männliche und weibliche Blüten stehen auf unterschiedlichen Pflanzen. Die männlichen Blüten erzeugen unglaubliche Pollenmengen (400 Millionen pro Pflanze beim Sauerampfer).

Klatsch-Mohn

Papaver rhoeas

Der Klatsch-Mohn ist zusammen mit der Kornblume ein auffälliger Begleiter natürlicher Äcker, verschwindet jedoch überall dort, wo massiv Unkrautvernichtungsmittel eingesetzt werden. Die vier großen Blütenblätter tragen am Grunde einen dunklen Fleck. Von anderen einheimischen oder verwilderten Mohnarten ist er am abstehend behaarten Stengel und an den unbehaarten Kapseln zu unterscheiden. Die Kapsel ist unten abgerundet und mindestens halb so breit wie lang. Während die Knospe stets herabhängt, stehen Blüte und Kapsel aufrecht. Klatsch-Mohn enthält weißen Milchsaft und ist schwach giftig.

Blüte und Kapsel

- **einjährig**
- **Mai bis Juli**
- **20 – 90 cm**

- **Merkmale**
  einzelne, knallrote Blüten (Durchmesser 5 – 8 cm) am Stengelende; kahle, aufrechte Kapsel; Blätter tief eingeschnitten bis grob gezähnt
- **Vorkommen**
  trockene, nährstoffreiche Böden, kalkhaltig; Ödland und Getreidefelder
- **Verbreitung**
  fehlt im Tiefland und über 1.000 m; zerstreut

- **Staude**
- **April bis Juni**
- **15–50 cm**

- **Merkmale**
vierzählige Blüten (Durchmesser 1–2 cm) in einer Traube; Grundblätter rosettig, gefiedert mit 4–14 Seitenfiedern (Endfieder größer)

- **Vorkommen**
feuchte, nährstoffreiche Lehm- oder Tonböden; Wiesen, lichte Wälder, Wege, Ufer

- **Verbreitung**
sehr häufig

Wiesen-Schaumkraut

Cardamine pratensis

Bitteres Schaumkraut

Das Wiesen-Schaumkraut kann im Spätfrühling den Anblick feuchter Wiesen beherrschen. Seine Blütenfarbe schwankt zwischen hellrosa, lila, violett und selten auch reinweiß. Die gefiederten Stengelblätter haben stets linealische Fiedern. Der deutsche Name beruht auf dem häufigen Befall mit einer Schaumzirpe. Deren Larve bohrt den Stengel an und versetzt den Pflanzensaft mit Atemluft. Dabei entstehen deutlich sichtbare schaumige Klümpchen. Das ähnliche Bittere Schaumkraut *(Cardamine amara)* hat kleinere, weiße Blüten, breiter gefiederte Stengelblätter und keinen runden, sondern einen kantigen Stengel.

Großer Wiesenknopf

Sanguisorba officinalis

An seinen kugeligen Blütenköpfchen ist der Große Wiesenknopf leicht zu erkennen. Die Grundblätter haben 7–15 Fiederpaare, die Stengelblätter weniger; bei beiden sind die Teilblättchen am Grund herzförmig und grob gezähnt. Wegen der Blutfarbe des Blütenstandes galt der Große Wiesenknopf als Heilmittel gegen Verletzungen – tatsächlich ziehen seine Gerbstoffe Wundränder zusammen. Der Kleine Wiesenknopf *(Sanguisorba minor)* wächst auf trockenen Standorten. Sein Blütenstand enthält oben weibliche, in der Mitte zwittrige und unten männliche Blüten.

Kleiner Wiesenknopf

- **Staude**
- **Juni bis September**
- **0,30–1,20 m**

- **Merkmale**
  Einzelblüten (Durchmesser 1–3 mm) in einem länglich bis kugeligen, roten bis braunen Köpfchen (1–3 cm lang, 1–1,5 cm breit); Blätter wechselständig, unpaarig gefiedert
- **Vorkommen**
  nährstoffreiche, humushaltige, leicht saure Böden; nasse Wiesen, Flachmoore, Gräben
- **Verbreitung**
  im Tiefland selten, in den Alpen vereinzelt über 2.000 m; sonst häufig

- Staude
- Juni bis August
- 0,50–1,80 m

- **Merkmale**
  zahlreiche Blüten (Durchmesser 2–3 cm) in einer endständigen Traube und in den Achseln der oberen Blätter; Blätter schmallanzettlich
- **Vorkommen**
  steinige bis sandige oder lehmige Böden; Lichtungen, Ödland, Bahnschotter, Gebüsche
- **Verbreitung**
  sehr häufig; in den Alpen bis über 2.200 m

Schmalblättriges Weidenröschen

Epilobium angustifolium

Das Schmalblättrige Weidenröschen ist ein typischer Opportunist. Seine behaarten, flugfähigen Samen werden vom Wind weit fortgetragen. Sie bleiben lange keimfähig und besiedeln offene, freie Stellen, selbst Hänge neben Autobahnen. Die Blüte besteht aus vier flach ausgebreiteten Kronblättern. Die vier schmalen Kelchblätter sind dunkel rotviolett gefärbt und stehen auf Lücke. Als Früchte werden schotenartige Kapseln ausgebildet. Im Jahre 1790 entdeckte der Botaniker Sprengel an der Blüte die Fremdbestäubung durch Bienen und Hummeln.

Blütenstand

Zottiges Weidenröschen

Epilobium hirsutum

Die 6–12 cm langen Blätter des Zottigen Weidenröschens sitzen ohne Stiel direkt am Stengel, die mittleren laufen oft etwas am Stengel herab. Der verzweigte Stengel ist oben rund, unten kantig. Da die Staubgefäße vor der Narbe reifen, ist eine Fremdbestäubung weitgehend ausgeschlossen. Die Frucht ist trotz ihres schotenartigen Aussehens eine Kapsel, die aufreißt und zahlreiche, dicht behaarte, flugfähige Samen entläßt. Das Zottige Weidenröschen vermehrt sich auch über Ausläufer, die am Wurzelhals der Mutterpflanze entspringen.

Blüten und Kapseln

- **Staude**
- **Juli bis August**
- **0,50–1,50 m**

- **Merkmale**
  zahlreiche Blüten (Durchmesser 2–4 cm) in den Achseln der oberen Blätter; Blätter lanzettlich, gezähnt
- **Vorkommen**
  feuchte, nährstoffreiche Lehm- oder Tonböden; Gräben, Ufer, Auenwälder, Sumpfwiesen
- **Verbreitung**
  fehlt im Tiefland in kleineren, in den Zentralalpen in größeren Gebieten; zerstreut; in den Alpen bis 1.200 m

- Staude
- Juni bis September
- 5–15 cm

- **Merkmale**
  Blüten (Durchmesser 1–2 cm) in doldenartigem Blütenstand; Grundblätter rosettig, durch spinnenwebartige Behaarung verbunden, Rosetten Durchmesser 0,5–2 cm

- **Vorkommen**
  trockene, steinige Böden, kalkfrei und humusarm

- **Verbreitung**
  Alpenpflanze zwischen 1.000 und 3.000 m

Spinnwebige Hauswurz

Sempervivum arachnoideum

Die Spinnenwebige Hauswurz besiedelt extreme Standorte im Gebirge, fehlt jedoch im Bereich der Kalkalpen. Sie kommt mit sehr nährstoffarmen Böden zurecht und wächst auch zwischen Steinen und Geröll – allerdings nie in großen Beständen. Die dickfleischigen Blätter dienen als Wasserspeicher (Sukkulenz). Unverwechselbar wird die Pflanze durch die weißliche, spinnenwebsartige Behaarung der Grundblätter. Vom Wind abgerissene und verlagerte Rosetten können sich an neuen Standorten bewurzeln.

Blütenstand und Grundblätter

Roter Steinbrech

Saxifraga oppositifolia

Der Rote Steinbrech ist eine seltene, geschützte Pflanze, die sich an die extremen Lebensbedingungen des Hochgebirges angepaßt hat.
Die Stengel wachsen kriechend und bilden ein dichtes, flaches Polster. Einige Stengel tragen keine Blüten, ihre Blätter bleiben kleiner als die Blätter blütentragender Triebe. Auf den Blattoberseiten sind nur mit der Lupe zu erkennende, kleine Gruben eingesenkt, die Blattränder sind bewimpert. Blütentragende Triebe erheben sich etwas über die Polster und sind schuppenartig dicht mit Blättern besetzt.

blühende Pflanze

- **Staude**
- **April bis Juli**
- **1–5 cm**

- **Merkmale**
  einzelne Blüte (Durchmesser 8–20 mm) am Ende des Stengels; Blätter gegenständig, verkehrt eiförmig, 1–6 mm lang

- **Vorkommen**
  feuchte, steinige, kalkhaltige Böden; Felsschutt und -spalten, feuchte, steinige Mulden

- **Verbreitung**
  in den Alpen zerstreut; zwischen 1.500 und 3.500 m

- einjährig
- Juni bis Oktober
- 10–50 cm

- **Merkmale**
  Blüten (2–4 mm lang) in den Blattachseln; Blätter wechselständig, schmal oval (bis über 3 cm lang)
- **Vorkommen**
  Ödland, Feld- und Wegränder auf stickstoffreichen Böden
- **Verbreitung**
  in den Alpen (Siedlungsnähe) bis 1.800 m; häufig

Vogel-Knöterich

Polygonum aviculare

Der Vogel-Knöterich ist eine trittfeste widerstandsfähige Pflanze, daher findet man ihn sogar zwischen den Steinen auf Gehwegen. Er ist leicht an dem niederliegenden, gerillten Stengel mit den sitzenden oder kurz gestielten Blättern zu erkennen. Die Blüten sind grünlich bis rosa oder weiß, haben aber meist einen roten Rand. Vogel-Knöterich enthält Flavonoide, Gerbstoffe und bis zu 1 % Kieselsäure. Der Tee aus der getrockneten Pflanze wird vorwiegend in der Volksmedizin bei Bronchialkatarrh und Entzündungen der Mund- und Rachenschleimhaut verwendet.

blühende Pflanze

Schlangen-Knöterich

Polygonum bistorta

Zur Blütezeit überziehen die hellrosafarbigen kolbenartigen Blütenstände ganze Uferbereiche ungestörter Bäche, Seen oder Feuchtwiesen – denn der Schlangen-Knöterich gilt als Nässeanzeiger. Während die unteren Blätter gestielt sind, sitzen die kleineren oberen Stengelblätter direkt dem Stengel an. Der deutsche Name des Schlangen-Knöterichs geht auf die merkwürdige, schlangenartig gewundene Form des Wurzelstocks zurück. Nach der Signaturenlehre wollte man daraus ablesen, daß die Pflanze gegen Schlangenbisse hilft.

blühende Pflanze

- **Staude**
- **Mai bis August**
- **30–120 cm**

- **Merkmale**
  Blüten (4–5 mm lang) in 1–2 cm breitem, walzenförmigem Blütenstand; Blätter wechselständig, bis 20 cm lang mit welligem Rand

- **Vorkommen**
  nährstoffreiche, feuchte Böden; feuchte Wiesen, Auwälder, Bachufer

- **Verbreitung**
  in den Alpen bis 2.000 m; häufig

- **Staude**
- **April bis Juni**
- **30–70 cm**

- **Merkmale**
  fünf Kronblätter (1,5–2,5 cm lang), tief in je zwei größere und zwei kleinere gespalten; Grundblätter rosettig, Stengelblätter gegenständig, lanzettlich

- **Vorkommen**
  nasse, nährstoffreiche, humusreiche, leicht saure Standorte

- **Verbreitung**
  bis 1.300 m; häufig

Kuckucks-Lichtnelke

Lychnis flos-cuculi

Die Kuckucks-Lichtnelke ist so sehr an feuchte Standorte angepaßt, daß sie als Zeigerpflanze auf Bodenvernässung hinweist. Ihre ästigen Grundachsen bedecken dann rasenartig größere Flächen, aus denen sich die Blütenstengel mit mehreren hellrosa Blüten erheben. Einer der vielen Volksnamen (Kuckucksspeichel) bezieht sich auf den Befall mit Schaumzikaden. Die Larven dieser Insekten erzeugen schaumartige Bällchen im oberen Bereich des Stengels. Im Schutze dieses Schaumnestes wachsen die Larven heran.

Blütenstand

Rote Lichtnelke

Silene dioica

Die Kronblätter der Roten Lichtnelke tragen am Schlundeingang der Blüte je eine 1–2 mm hohe, weißliche Schuppe, die sich zu einer Nebenkrone ergänzen. Im Unterschied zu den spatelförmig breiten Grundblättern sind die gegenständigen Stengelblätter lanzettlich. Kelch, Sproß und die Blätter sind dicht behaart. Die Blüten öffnen sich am Tag und werden von Schmetterlingen und Hummeln bestäubt. Manchmal umgehen Hummeln jedoch den Weg durch die Kronröhre und beißen die Blüte seitlich auf, um direkt an den Nektar zu gelangen.

Blütenstand

- **Staude**
- **April bis September**
- **30–100 cm**

- **Merkmale**
  bauchiger Kelch; Kronblätter (Durchmesser 1,5–2,5 cm) jeweils tief zweispaltig; Blätter in grundständiger Rosette und gegenständig am Stengel, oval bis lanzettlich

- **Vorkommen**
  feuchte, nährstoffreiche Lehm- oder Sandböden; Feuchtwiesen und Wälder

- **Verbreitung**
  in den Alpen bis 2.300 m; häufig

- **Staude**
- **Juli bis September**
- **30–60 cm**

- **Merkmale**
  Blüten (Durchmesser 2–2,5 cm) in dichten, endständigen Büscheln, Blütenblätter ausgerandet; Blätter gegenständig, länglich bis lanzettlich
- **Vorkommen**
  lockere, feuchte Böden; Flußufer, Wegränder und Ruderalstandorte
- **Verbreitung**
  im Gebirge bis 700 m

Echtes Seifenkraut

Saponaria officinalis

Das Echte Seifenkraut trägt seine tief- bis hellrosa Blüten (manchmal auch weiß) gehäuft an den Enden des Haupt- und der Nebentriebe. Am Schlund der Blütenhüllblätter stehen 2 mm lange Schuppen mit zwei Spitzen. Die Pflanze überwintert mit einem kriechenden, verzweigten Wurzelstock von etwa Fingerdicke. Vor allem die Wurzel enthält Saponine. Sie werden beim Zerreiben frei und schäumen Wasser seifenartig auf. Daher wurde die Pflanze seit der Antike als Waschmittel und – da Saponin den Schleim bei hartnäckiger Bronchitis löst – auch als Hustenmittel genutzt.

Blütenstand

Karthäuser-Nelke

Dianthus carthusianorum

Die Karthäuser-Nelke – ihr Name soll auf die Karthäusermönche zurückgehen, die sie in ihren Klostergärten anpflanzten – stellt hohe Anforderungen an ihren Standort: Sie braucht gut durchlüftete, sandige oder steinige Böden, die ausreichend Humus besitzen und der Sonne ausgesetzt sind. Solche Halbtrocken- oder Trockenrasen sind heute seltene, empfindliche Pflanzengesellschaften. Die purpurroten, dunkel geaderten Blüten der Karthäuser-Nelke stehen auf einem langen Stengel, der sich über die rasenartig wachsenden Blätter erhebt; der Kelchgrund wird von schuppenartigen, trockenen Hochblättern umgeben.

Blütenstand

- **Staude**
- **Juni bis September**
- **10–50 cm**

- **Merkmale**
  fünf bis zehn Blüten (Durchmesser 1,5–2,5 cm) köpfchenartig am Stengelende; Blätter gegenständig, schmal, am Grund zu einer Röhre verwachsen

- **Vorkommen**
  warme, trockene Standorte (Halbtrockenrasen) und kalkhaltige Böden

- **Verbreitung**
  fehlt im nördlichen Tiefland; kommt stets nur in kleinen, lockeren Beständen vor; in den Alpen bis 1.500 m

- Staude
- Juni bis Oktober
- 25–60 cm

- **Merkmale**
  Blütenblätter (Durchmesser 3–4,5 cm) bis weit über die Mitte zerschlitzt; Blätter wechselständig, schmal lanzettlich (8 cm lang, über 5 mm breit)
- **Vorkommen**
  feuchter, humushaltiger Lehm- oder Tonboden; lichte Eichenwälder, Moorwiesen, Teichufer, alpine Wiesen
- **Verbreitung**
  zerstreut

Pracht-Nelke
Dianthus superbus

Mit ihren zerschlitzten Blütenblättern ist die Prachtnelke in ihrem Lebensraum unverwechselbar, da die ähnliche Federnelke *(Dianthus plumarius)* nur in den Ostalpen und den Karpaten vorkommt. Zunächst reifen die äußeren Staubblätter heran. Haben sie den Pollen abgegeben, wird der Zugang zum Nektar und zur Bestäubung der Narbe frei. Nur langrüsselige Schmetterlinge reichen bis in die Tiefe der Kronröhre. Hummeln, die den Kelch aufbeißen, um ohne Bestäubung an den Nektar zu gelangen, ist der Weg durch derbe Kelchschuppen versperrt.

Blüten

Bach-Nelkenwurz

Geum rivale

An den Blüten ist die Bach-Nelkenwurz eindeutig zu erkennen. Die fünf bis sechs Blütenblätter mit deutlicher Aderung werden von einem inneren Kelch aus etwa dreieckigen und einem äußeren Kelch aus linealischen Blättern eingehüllt. Während die Blütenblätter hellrot sind, haben die Kelchblätter eine braunrote Färbung. Im Wurzelstock der Pflanze ist Nelkenöl enthalten, das wie Gewürznelken duftet. Früher war die Bach-Nelkenwurz eine wichtige Heilpflanze, wird heute aber nur noch selten als Gurgelmittel bei Schleimhaut- und Zahnfleischentzündungen verwendet.

blühende Pflanze

- **Staude**
- **April bis Juni**
- **15–60 cm**

- **Merkmale**
  mehrere nickende, glockenförmige Blüten (1–1,5 cm lang); Grundblätter gefiedert, Endfieder dreigeteilt, obere Stengelblätter wechselständig, dreiteilig

- **Vorkommen**
  nährstoffreiche, humushaltige, feuchte bis nasse Böden; feuchte Wiesen, Ufer, Flachmoore

- **Verbreitung**
  fehlt gebietsweise im westlichen Tiefland und Mittelgebirgen, sowie im Bayerischen Wald; häufig

- Mai bis Oktober
- einjährig
- 10–50 cm

- **Merkmale**
  Blüten (Durchmesser 1,5–2,5 cm) meist zu zweit in Teilblütenständen; Blätter bis zum Grund drei- bis fünfteilig, Abschnitte fiederteilig
- **Vorkommen**
  stickstoffreiche, lockere, steinige Lehmböden (Schatten); lichte Wälder, Schläge, Steinbrüche, Mauern
- **Verbreitung**
  fehlt örtlich im Tiefland; häufig; in den Alpen bis 1.800 m

Stinkender Storchschnabel

Geranium robertianum

Blüten und Früchte

Der Stinkende Storchschnabel trägt seinen Namen zu Recht, da er wegen eines ätherischen Öls beim Zerreiben widerlich riecht. Dies und ein rötlich überlaufener Stengel machen ihn unverwechselbar. Die Früchte ähneln einem Storchschnabel (Storchschnabelgewächse). Charakteristisch für die Gattung ist die Form der Samenverbreitung: Die Fruchtblätter sind an den Innenkanten miteinander verwachsen und stehen unter Gewebespannung. Schließlich wird die Spannung so groß, daß die Fruchtblätter voneinander abreißen und ihren einzelnen Samen wegschleudern.

Wilde Malve

Malva sylvestris

- **einjährig bis Staude**
- **Mai bis September**
- **0,40–1,20 m**

Die Kronblätter der Wilden Malve verbreitern sich vom Zentrum nach außen und sind am Rand tief ausgerandet. Die dunkelroten Streifen laufen zur Blütenmitte zusammen. Während die unteren Blätter nur stumpf gezähnt sind, ist die Spreite der oberen Blätter tief eingeschnitten. Die einzelnen Abschnitte sind etwa eiförmig und ebenfalls gezähnt. Die Blüten der Wilden Malve sind besonders reich an Schleimstoffen, daher werden sie in der Pflanzenmedizin als Tee gegen Erkältungskrankheiten, bei Katarrhen und Entzündungen im Mund- und Rachenraum verordnet.

blühende Pflanze

- **Merkmale**
  Blüten (Durchmesser 3,5–5,5 cm) zu zwei bis sechs in den Achseln der oberen Blätter bzw. gehäuft am Stengelende; Blätter wechselständig, untere herzförmig, obere in drei bis sieben Abschnitte geteilt
- **Vorkommen**
  stickstoffreiche Böden; Ödland, Wegränder, Mauern
- **Verbreitung**
  fehlt im Tiefland, kalkarmen Mittelgebirgen, Alpen und Alpenvorland; selten

- einjährig
- Juni bis September
- 10–40 cm

- **Merkmale**
  Blüten (Durchmesser 1,5–2,5 cm) einzeln oder zu zwei bis vier in den Achseln der mittleren und oberen Blätter; Blätter wechselständig, etwa rundlich, eingeschnitten
- **Vorkommen**
  nährstoff- und stickstoffreiche Böden; Mauern, Wegränder
- **Verbreitung**
  fehlt im Tiefland und den Mittelgebirgen mit sandigen Böden; selten

Weg-Malve

Malva neglecta

Die Weg-Malve ist eine typische Dorfpflanze, die Dunglegen und selbst verdichtete Böden besiedelte. Heute, da sich die Dörfer immer mehr ändern, ist sie seltener geworden. Die Staubblätter sind zu einer Röhre verwachsen und verdecken zunächst die Narbe. Erst wenn sie den Pollen abgegeben haben, biegen sie sich nach außen; so wird die Narbe frei und kann bestäubt werden.

blühende Pflanze

Weniger gebräuchlich ist heute der Name Käsepappel. Er nimmt Bezug auf die reifen, eßbaren Teilfrüchte, die um die Blütenachse angeordnet sind und etwa einem Käselaib gleichen.

Gewöhnliches Alpenglöckchen

Soldanella alpina

- Staude
- April bis Juli
- 5–15 cm

Das Gewöhnliche Alpenglöckchen gedeiht nur auf Böden, die lange Zeit vom Schnee bedeckt bleiben. Es bevorzugt gut durchnäßte Böden, etwa dort, wo Hangwasser austritt. Die nickende Blüte besteht aus verwachsenen Kronblättern, die am Rand in 5–8 mm lange Zipfel zerschlitzt sind. Während der Eiszeiten war das Alpenglöckchen weiter verbreitet als heute. Als Relikt aus dieser Zeit wächst es auch auf dem Feldberg im Schwarzwald und im Schweizer Jura. In Höhen zwischen 500–1.500 m wächst das Berg-Alpenglöckchen *(Soldanella montana)*, das bis zu zehn Blüten ausbildet.

Berg-Alpenglöckchen

- **Merkmale**
  eine bis drei nickende Blüten (8–15 mm lang) an einem kahlen Blütenschaft; Blätter rundlich (1–4 cm breit)
- **Vorkommen**
  kalkhaltige, feuchte bis nasse, humusreiche Böden; Schneetälchen, feuchte Hänge, versumpfte Stellen
- **Verbreitung**
  Kalkalpen häufig, Zentralalpen zerstreut; zwischen 1.500–2.500 m

- Staude
- Juni bis Oktober
- 5–15 cm

- **Merkmale**
  einzelne Blüte (1,5 cm lang) auf langem, unbeblättertem Stiel; Blätter grundständig, nieren- bis herzförmig
- **Vorkommen**
  kalkhaltige, humose, lockere Lehmböden; lichte Bergwälder
- **Verbreitung**
  nördliche und südliche Kalkalpen, Schweizer, Schwäbischer und Fränkischer Jura

Wildes Alpenveilchen

Cyclamen purpurascens

Kronblätter mit zurückgeschlagenen Zipfeln

Das Wilde Alpenveilchen liebt schattige Standorte und kann sich dann zu individuenreichen Beständen entwickeln. Seine immergrünen Blätter sind unterseits rötlich, auf der Oberseite hell gefleckt. Die Kronblätter sind an ihrer Basis kugelig verwachsen, ihre Zipfel aufwärts zurückgeschlagen. Zur Fruchtzeit rollt sich der lange Blütenstiel spiralig ein. Das Wilde ist die Stammform des Zier-Alpenveilchens. Leider haben „Liebhaber" die Pflanze am natürlichen Standort oft ausgegraben – heute ist sie selten und geschützt. Ihre Nutzung als Abführmittel (Knolle) ist heute in Vergessenheit geraten.

Acker-Gauchheil

Anagallis arvensis

Dank seiner zinnoberroten Blüten, die an kriechenden bis aufsteigenden Stengeln stehen, ist der Acker-Gauchheil mit keiner anderen Pflanze zu verwechseln. Die Blüten öffnen sich in Abhängigkeit vom Tageslicht und schließen sich gegen 18 Uhr, sowie bei stark wolkenverhangenem Himmel. Obwohl die Pflanze Saponine enthält, wird sie in der Heilkunde heute nicht mehr verwendet. Früher war dies anders: „Gauch" bedeutet im Mittelhochdeutschen Tor oder Geisteskranker. Man glaubte nämlich, mit der Pflanze Geisteskrankheiten heilen zu können.

Blüten und Früchte

- einjährig
- Juni bis Oktober
- 10–30 cm

- **Merkmale**
  einzelne Blüten (Durchmesser 8–10 mm) an 1–3,5 cm langen Stielen; Blätter gegenständig, sitzend, ei- bis zungenförmig, 1–2 cm lang, 0,5–1 cm breit
- **Vorkommen**
  nährstoffreiche, möglichst kalkhaltige Lehmböden; offene Brachen, Hackfruchtäcker, Stoppelfelder
- **Verbreitung**
  fehlt im westlichen Tiefland, in kalkfreien Gegenden sehr selten; sonst zerstreut

- Staude
- Mai bis September
- 15–40 cm

- **Merkmale**
  Blüten (Durchmesser 5 mm) in kugeligem Köpfchen (Durchmesser 1,5–2 cm); grasartige Blätter in einer Rosette
- **Vorkommen**
  kalkarme, trockene, sandige bis salzig-schlickige Böden; typischerweise auf Wattwiesen
- **Verbreitung**
  Nord- und Ostseeküste

Gewöhnliche Grasnelke

Armeria maritima

Die Gewöhnliche Grasnelke ist eine Charakterpflanze salziger Wattwiesen, findet sich aber selten auch auf sandigen Standorten entfernt von der Küste. Das Blütenköpfchen aus zahlreichen, hellrosa Einzelblüten steht am Ende eines blattlosen Stengels. Die seltene Grasnelke ist geschützt. Eine der Unterarten *(Armeria maritima* ssp. *halleri)* besiedelt als Spezialist sogar schwermetallhaltige Böden (z. B. alte Abraumhalden von Bergwerken). Viele verschiedene Arten und Sorten werden als Steingartenpflanzen im Handel angeboten.

Garten-Grasnelke

Acker-Winde

Convolvulus arvensis

- Staude
- Mai bis September
- 20–30 cm

Im Unterschied zur Gewöhnlichen Zaunwinde hat die Acker-Winde rosa bis rote Blüten (selten weiß) mit radialen, weißen Streifen. Die winzigen Vorblätter unterhalb des Kelches sitzen etwa in der Mitte des Blütenstiels. Die Blüten öffnen sich zwischen sieben und acht Uhr morgens, schließen sich gegen 13–14 Uhr und sterben danach ab. Daher gehört die Pflanze zu den bekanntesten Forschungsobjekten der Chronobiologie (Biologie der inneren Uhr). Weniger beliebt ist sie bei Gartenbesitzern, denn ihr Rhizom sitzt tief im Boden und kann auch nach längerer Ruhezeit wieder austreiben.

blühende Pflanze

Merkmale
einzelne Blüten (Durchmesser 1,5–2,5 cm) an 1–4 cm langen Stielen in den oberen Blattachseln; Blätter wechselständig, pfeilförmig

Vorkommen
nährstoffreiche Lehm- oder Tonböden; Äcker, Gärten, Ödland

Verbreitung
fehlt in Gebieten mit Sandböden; sonst häufig; in den Alpen bis zur Waldgrenze

- zweijährig
- Mai bis Juli
- 30–60 cm

- **Merkmale**
  zahlreiche Blüten (Durchmesser 5–8 mm) in einem lockeren Blütenstand; Blätter wechselständig, lanzettlich
- **Vorkommen**
  trockene, lockere, stickstoffreiche Lehmböden oder Sand; Wegränder, Ödland
- **Verbreitung**
  selten; fehlt oberhalb von 1.500 m

Echte Hundszunge

Cynoglossum officinale

Der Name der Echten Hundszunge geht auf die Form der bis zu 20 cm langen Blätter zurück. Die unteren verschmälern sich in einen geflügelten Stiel, die oberen sitzen direkt dem Stengel an. Blätter und Stengel sind dicht grauhaarig. Die Blüte ist in eine enge Kronröhre und fünf abgerundete, ausgebreitete Lappen gegliedert. Der Eingang zur Kronröhre wird durch fünf kugelig-wulstige Schlundschuppen verengt. Die zunächst braunviolette Blüte verändert ihre Farbe zu braunrot. Die Pflanze enthält krebserregende Pyrrolizidin-Alkaloide und muß als giftig eingeschätzt werden.

blühende Pflanze

Echter Beinwell

Symphytum officinale

Die Blätter des Echten Beinwells sind wie die Pflanze rauh behaart. Während die unteren bis 25 cm lang und 5 cm breit werden können, bleiben die oberen kleiner und schmaler, laufen aber stets deutlich den Stengel herab. Die Farbe der glockigen Krone spielt von rot-violett über lila bis hin zu gelblich-weißen Formen. Wegen des Gehaltes an Alkaloiden ist der Beinwell giftig. Während man heute noch gelegentlich Salben aus der fast schwarzen Wurzel herstellt, die bei Muskel- und Gelenkschmerzen helfen sollen, galt der Beinwell im Mittelalter als Mittel gegen Knochenbrüche.

blühende Pflanze

- **Staude**
- **Mai bis Juli**
- **30–80 cm**

- **Merkmale**
  nickende Blüten (Krone 1–2 cm lang) in einem rispigen Blütenstand; Blätter wechselständig, eiförmig bis lanzettlich
- **Vorkommen**
  feuchte Lehmböden; Ufer, Gräben, Sumpfwiesen, Wälder
- **Verbreitung**
  fehlt im Tiefland; sonst zerstreut; in den Alpen bis über 1.500 m

- **Staude**
- **Juni bis August**
- **0,60–1,50 m**

- **Merkmale**
  einzelne Blüten (2,5–2,5 cm lang) in den Blattachseln; Blätter wechselständig, eiförmig, zugespitzt

- **Vorkommen**
  mullreiche, stickstoffhaltige Lehm- oder Tonböden; lichte Stellen in Wäldern

- **Verbreitung**
  fehlt im Tiefland, in Mittelgebirgen und den Alpen auf Silikatgestein; sonst häufig

Tollkirsche

Atropa bella-donna

Die Tollkirsche enthält in allen Teilen sehr giftige Alkaloide, u. a. das pupillenerweiternde Atropin. Zum Glück läßt sich die Tollkirsche sicher erkennen: Die fünf Zipfel der eng glockenförmigen, etwas düster wirkenden Blüte sind zurückgeschlagen, das Innere der Krone weist violette Adern auf grünlichgelbem Grund auf. Als Frucht wird eine tiefschwarze, glänzende Beere (1–1,5 cm) gebildet. Die Giftwirkung der Tollkirsche ist seit langem bekannt. Sie gehörte zu den Bestandteilen der sogenannten Hexensalbe, wo sie mit anderen Wirkstoffen eine halluzinogene Wirkung erzeugte.

Blüte und unreife Beere

Arzneí-Baldrian

Valeriana officinalis

Die Blüten des Arznei-Baldrians sind sehr hell rosa bis fast weiß, ihre Kronblätter sind in fünf Zipfel geteilt. Die Teilblättchen der gefiederten Blätter werden 2–7 cm lang und laufen an der Blattspindel herab. Der charakteristische Duft der Blüten übt eine magische Anziehungskraft auf Katzen aus. Menschen nutzen jedoch seit alters die Heilkraft der Baldrianwurzel. Sie enthält ätherisches Öl und zahlreiche weitere Inhaltsstoffe, die, als Tee zubereitet, bei Unruhe und Schlafstörungen helfen. Der kleinere Sumpf-Baldrian *(Valeriana dioica)* ist zweihäusig und hat ungeteilte Grundblätter.

Sumpf-Baldrian

- **Staude**
- **Juli bis August**
- **0,70–1,50 m**

- **Merkmale**
  zahlreiche Blüten (Durchmesser 2–4,5 mm) in halbkugeligen Scheindolden; Blätter gegenständig, unpaarig gefiedert
- **Vorkommen**
  feuchte Lehm- oder Tonböden; Wälder, nasse Wiesen, Gräben
- **Verbreitung**
  häufig; in den Alpen bis zur Baumgrenze

- **Staude**
- **Juni bis September**
- **0,50–2 m**

- **Merkmale**
  Blüten (Durchmesser 1,5–2,5 cm) zahlreich in den oberen Blattachseln; Blätter gegenständig, lanzettlich (bis über 10 cm lang), unterseits kurzhaarig

- **Vorkommen**
  feuchte bis nasse, nährstoffreiche Lehmböden; Ufer, Gräben, Flachmoore, Sumpfwiesen

- **Verbreitung**
  zerstreut

Blut-Weiderich

Lythrum salicaria

Die Blüten des Blut-Weiderichs sitzen an sehr kurzen Stielen in einem ährigen Blütenstand. Sie bestehen aus sechs Kronblättern und einem verwachsenen Kelch mit zwölf Rippen. Der untergetauchte Teil des Stengels ist als Anpassung an den Standort mit weitem Durchlüftungsgewebe ausgestattet, und die klebrigen Samen werden über die Schnäbel von Wasservögeln verbreitet. Blut-Weiderich enthält Gerbstoffe; er wurde zum Gerben und auch als Heilpflanze bei Durchfall und Ruhr verwendet. Heute wird er als Zierpflanze für Gartenteiche angeboten.

Blütenstand

Wasserdost

Eupatorium cannabinum

Die Körbchen des Wasserdostes werden von Hüllblättern umschlossen, die unregelmäßig in zwei bis drei Reihen stehen. Aus den fünfzipfeligen Röhrenblüten ragt weit die gabelige Narbe heraus. Die Blüten werden von Bienen, Hummeln, hauptsächlich jedoch von Schmetterlingen bestäubt. Ein anderer deutscher Name, Wasserhanf, nimmt Bezug auf die hanfartig geteilten Blätter – stets ist dabei die mittlere Fieder deutlich größer als die Seitenfiedern. Der Wasserdost enthält neben ätherischen Ölen, Gerbstoffe und Saponine, spielt jedoch in der modernen Pflanzenmedizin keine Rolle mehr.

blühende Pflanze

- **Staude**
- **Juli bis September**
- **0,70–1,50 m**

- **Merkmale**
  Körbchen mit nur vier bis sechs Einzelblüten in einem doldenartigen Blütenstand; Blätter gegenständig, handförmig in drei bis fünf Fiedern geteilt
- **Vorkommen**
  feuchte, kalkhaltige Lehmböden; lichte Stellen in feuchten Wäldern, Ufer
- **Verbreitung**
  sehr häufig; selten höher als 1.000 m

- Staude
- Februar bis Mai
- 10–40 cm (Blütezeit)

- **Merkmale**
  Blüten in Körbchen (Durchmesser 0,5–1 cm), die in mächtigen, gedrungenen bzw. länglichen Gesamtblütenständen stehen; Blätter grundständig (Durchmesser 60 cm)
- **Vorkommen**
  feuchte bis nasse Böden; Ufer, Gräben, Naßstellen in Wäldern
- **Verbreitung**
  im Tiefland und auf Sand gebietsweise fehlend; sonst häufig; bis über 1.000 m

Rote Pestwurz

Petasites hybridus

Blütenstand mit Blatt

Im Frühling ist nur der dicke Stengel der Roten Pestwurz mit mehreren Zentimeter langen Schuppenblättern entwickelt, an dessen Spitze der Blütenstand steht. Jede Einzelblüte enthält zwar Staubgefäße und Fruchtknoten, funktionsfähig ist aber nur ein Geschlecht, so daß die Pflanze funktionell zweihäusig ist (weibliche Pflanzen haben einen länglichen Blütenstand). Im Sommer haben sich die mächtigen, grundständigen Blätter mit herz- bis nierenförmiger Form entwickelt. Der deutsche Name beruht auf dem Aberglaube, die Pflanze würde gegen die Pest helfen.

Große Klette

Arctium lappa

Die Große Klette hat breit herzförmige, gestielte Blätter, die bei den Grundblättern 50 cm lang und 40 cm breit werden können. Stengelblätter bleiben viel kleiner. In den Köpfchen stehen nur Röhrenblüten. Die Hüllblätter des Köpfchens stehen in mehreren Reihen; sie laufen in einen hakig gekrümmten Stachel aus. Vor allem in der Vergangenheit wurde die Große Klette vielfältig genutzt: Junge Blattstiele lassen sich wie Spargel zubereiten, die Wurzel enthält ätherische Öle, Schleime und Bitterstoffe und wird gelegentlich als keimtötende Droge bei Wunden und Hautkrankheiten angewandt.

blühende Pflanze

- **einjährig**
- **Juli bis September**
- **0,60–1,50 m**

- **Merkmale**
  Blüten in einem kugeligen Körbchen (Durchmesser 3–3,5 cm), diese in einem doldenartigen Blütenstand; Blätter wechselständig, am Grund rundlich bis herzförmig
- **Vorkommen**
  etwas stickstoffhaltige, nicht zu trockene Lehmböden; Ödland, Wegränder, Ufer
- **Verbreitung**
  im Tiefland westlich der Weser, in Gebirgen mit Sand- und Silikatböden gebietsweise fehlend; sonst zerstreut

- Staude
- Juli bis September
- 0,50–2 m

- **Merkmale**
  Blüten in kurz gestielten Körbchen (1,5–2,5 cm lang) am Ende des Stengels; Blätter sitzend, fiederteilig
- **Vorkommen**
  stickstoffreiche, sandig-lehmige oder tonige Böden; Ufer, Ödland, Wegränder
- **Verbreitung**
  fehlt gebietsweise im Tiefland, Mittelgebirge und Alpen; sonst zerstreut

Krause Distel

Carduus crispus

Die Krause Distel ist an allen Teilen von harten, spitzen Stacheln besetzt. Sie sitzen auf den nadelartig schmalen Hüllblättern der Körbchen, den Blatträndern und den Flügeln der Stengel. Innerhalb des Körbchens stehen nur zwittrige Röhrenblüten. Als Merkmal der echten Disteln verwenden Botaniker ein unscheinbares Merkmal, das nur mit Hilfe der Lupe zu erkennen ist: Die Pappusstrahlen (Haare um Fruchtknoten und Früchte) sind haarförmig und nicht fedrig verzweigt. Die lange Kronröhre der Einzelblüten ist nur für Schmetterlinge und Hummeln zugänglich.

blühende Pflanze

Wiesen-Flockenblume

Centaurea jacea

In hochwüchsigen Wiesen streckt sich der Stengel der Wiesen-Flockenblume stärker als in niederen. Die Randblüten des Körbchens sind steril. Ihre Röhren sind verlängert, spreizen sich nach außen und sind tief in fünf ungleich lange Zipfel (zweilippig) gespalten. Charakteristisch für die Art sind die trockenhäutigen, kammförmig bewimperten Anhängsel der Körbchenhüllblätter, die den Hauptteil der Hüllblätter dachziegelartig verdecken. Die Wiesen-Flockenblume ist eine triözische Pflanze, d. h. es gibt neben zwittrigen Individuen auch männliche bzw. weibliche Exemplare.

blühende Pflanze

- **Staude**
- **Juni bis Oktober**
- **10–70 cm**

- **Merkmale**
  Blüten in Körbchen (1,5–2,5 cm lang, 2,5–4 cm breit) einzeln am Stengelende; Blätter wechselständig, schmal bis lanzettlich (oben immer lanzettlich)

- **Vorkommen**
  mäßig stickstoffhaltige Lehmböden; Wiesen, Weiden, Flachmoore

- **Verbreitung**
  sehr häufig

- **Staude**
- **Juni bis August**
- **0,30–1,50 m**

- **Merkmale**
  Traube mit ein bis zehn hängenden Blüten (Durchmesser 5–8 cm); Blätter unten quirlständig, sonst wechselständig, bis 15 cm lang
- **Vorkommen**
  basenreiche, humushaltige Böden; Gebüsche, Wälder (untere Lagen), offene Wiesen (höhere Lagen)
- **Verbreitung**
  fehlt im Tiefland; selten; bis 2.200 m

Türkenbund-Lilie

Lilium martagon

Die sechs Blütenhüllblätter des Türkenbundes sind turbanartig (Name) nach oben zurückgeschlagen und ganz individuell dunkel gefleckt. Da die Blütenöffnung nach unten zeigt, bietet der Türkenbund allerdings keinen guten Landeplatz für Insekten. Er duftet auch nachts und wird von schwebenden Schwärmern besucht. Deren Rüssel reicht bis zum Grund der Blüte, wo sich der Nektar sammelt. Eine physiologische Besonderheit des Türkenbundes sind seine Zugwurzeln: Sie verankern sich im Boden und ziehen die Zwiebel dann in eine bestimmte Tiefe herunter.

Blüten

Schachblume

Fritillaria meleagris

Vielleicht wird die wunderschöne Schachblume nur noch als Zierpflanze überleben. Sie gehört zu den in Deutschland – trotz strengen Schutzes – vom Aussterben bedrohten Arten, da sie kaum noch ungestörte Flußtäler vorfindet. Flußbegradigungen und intensive Landwirtschaft haben ihren Lebensraum zerstört. Ihre sechs Blütenblätter neigen sich zu einer glockigen Krone zusammen und sind schachbrettartig gemustert, die sechs Staubblätter sind viel kürzer als die Krone. Die grasartigen, fleischigen Blätter sind deutlich schmaler als 1 cm, und die Zwiebel ist etwa 1 cm breit.

blühende Pflanze

- **Staude**
- **April bis Mai**
- **20–50 cm**

- **Merkmale**
  einzelne, nickende Blüten (Durchmesser 6–8 cm) am Stengelende; Blätter grasartig schmal
- **Vorkommen**
  grundwasserfeuchte, nährstoffreiche Böden; Flußtäler, Feuchtwiesen
- **Verbreitung**
  selten, vereinzelt; kaum über 700 m

- Staude
- August bis Oktober
- 5–10 cm

- **Merkmale**
  einzelne Blüten (Durchmesser 8–12 cm) auf weißlichen „Stielen"; Blätter im Frühling, bis 50 cm lang, 2–4 cm breit
- **Vorkommen**
  feuchte bis nasse, nicht zu flachgründige Wiesen; Feuchtwiesen, Erlenwälder, Auenwälder
- **Verbreitung**
  häufig, bis 1.500 m

Herbst-Zeitlose

Colchicum autumnale

Blüte und Blätter mit Frucht

Zur Blütezeit ist die Herbst-Zeitlose blattlos. Der „Stiel", der direkt aus der Erde ragenden Blüte besteht in Wirklichkeit aus den röhrig verlängerten Blütenblättern; der Fruchtknoten liegt handtief unter der Erde. Den Winter überdauert die Pflanze in einer Knolle. Im nächsten Frühjahr werden die Fruchtkapseln zusammen mit den Blättern durch Wachstum aus der Erde gehoben. Nun reifen die Samen heran. Die Herbst-Zeitlose enthält Colchicin, ein starkes Zellgift das die Zellteilung hemmt – es wird vielfältig in Forschung und Medizin verwendet. Das Weidevieh verschmäht die giftige Herbstzeitlose.

Hohler Lerchensporn

Corydalis cava

An der Blütentraube aus 10–20 dicht stehenden, in Rottönen gefärbten, gespornten Blüten und den ganzrandigen Tragblättern kann man den Hohlen Lerchensporn leicht erkennen. Beim ähnlichen Gefingerten Lerchensporn *(Corydalis solida)* sind die Tragblätter der Blüten fingerförmig eingeschnitten. Die Blüten werden von Bienen bestäubt, die den Nektar aus den Spornen saugen. Der Hohle Lerchensporn trägt seinen Namen wegen der unterirdischen, hohlen Knolle. Die Pflanze enthält Alkaloide und ist giftig.

Gefingerter Lerchensporn

- **einjährig**
- **März bis Mai**
- **10–30 cm**

- **Merkmale**
  Blüten (2–3 cm lang) in einer Traube; Hochblätter unter den Blüten ganzrandig; zwei dreiteilige Blätter mit dreiteiligen Fiedern
- **Vorkommen**
  nährstoff- und humusreiche, lockere Lehmböden; krautreiche Laubwälder
- **Verbreitung**
  fehlt im Tiefland und auf kalkarmen Mittelgebirgs- und Alpenböden

- einjährig
- April bis Oktober
- 10–40 cm

- **Merkmale**
  Blüten (6–9 mm lang) vorn dunkler und mit grünem Fleck auf der Oberlippe; Blätter wechselständig, doppelt gefiedert mit geteilten Teilblättchen
- **Vorkommen**
  nährstoffreiche, lockere Böden; Ödland und Brachen
- **Verbreitung**
  fehlt zum Teil im Tiefland und in höheren Mittelgebirgslagen; in den Alpen bis 1.800 m; häufig

Gewöhnlicher Erdrauch

Fumaria officinalis

Die 10–50 Blüten des Gewöhnlichen Erdrauches stehen in einer Traube. An dem verzweigten Stengel sitzen doppelt gefiederte Blättchen mit zugespitzten Fiedern, die stets etwas schlaff wirken. Die Samen werden von Ameisen verbreitet. Der Erdrauch enthält neben giftigen Alkaloiden auch Flavonoide und Pflanzensäuren (Fumarsäure). Der Tee aus dem getrockneten Kraut ist ein beliebtes Heilmittel gegen Gallenbeschwerden und Verstopfung. In der Volksmedizin hat man ihn auch bei Hautbeschwerden verwendet (zum Beispiel als Mittel gegen Ekzeme in der Homöopathie).

Blüten, Blätter und Samen

Wiesen-Rotklee

Trifolium pratense

Der Wiesen-Rotklee gehört zum üblichen Anblick auf Mähwiesen. Er liefert ein eiweißreiches Viehfutter und verbessert die Bodenfruchtbarkeit. Der ähnliche Mittlere Klee *(Trifolium medium)* wächst mit zickzackförmig geknicktem Stengel, und seine Blütenkelche sind unbehaart. In Deutschland wird der Wiesen-Rotklee schon seit dem 11. Jahrhundert angebaut. Es dauerte jedoch bis zum 18. Jahrhundert, bis er sich durchgesetzt hatte. Damals führte man in Sachsen die sommerliche Stallfütterung mit Wiesen-Rotklee ein und verzichtete auf die Beweidung der Brache.

Mittlerer Klee

- **Staude**
- **Juni bis September**
- **10–50 cm**

- **Merkmale**
  Schmetterlingsblüten, behaarter Kelch, halb so lang wie die Blütenblätter; meist zwei Blütenköpfchen an einem Stengel; Blätter dreiteilig; Fiedern 1,5–3 cm lang
- **Vorkommen**
  tiefgründige, nährstoffreiche, kalkhaltige Böden; Wiesen und Wegränder
- **Verbreitung**
  oft angebaut; in den Alpen bis über 2.000 m; sehr häufig

- einjährig
- Juni bis Oktober
- 0,50–2 m

- **Merkmale**
  Blüten (2,5–4 cm lang) zu 5–20 in einer aufrechten Traube; Blätter schmal lanzettlich (10–25 cm lang), scharf gesägt
- **Vorkommen**
  basische, stickstoffreiche, feuchte bis nasse Lehm- oder Tonböden; feuchte Gebüsche, Bäche, Auenwälder
- **Verbreitung**
  ursprünglich Himalaya; als Zierpflanze verwildert und eingebürgert

Indisches Springkraut

Impatiens glandulifera

Das Indische oder Drüsige Springkraut hat sich seit den 30er Jahren des 20. Jahrhunderts in Mitteleuropa ausgebreitet und verdrängt in großen Beständen vielerorts die heimische Auenwald- und Bachufervegetation. Die Blüte ist in einen abwärts weisenden Sporn ausgezogen. Als Frucht wird eine Kapsel ausgebildet, die unter hoher Turgorspannung steht. Wird sie berührt, reißt die Kapsel auf und schleudert die Samen meterweit weg. Ähnliche Früchte hat das gelbblühende Kleine Springkraut *(Impatiens parviflora)*. Es bleibt jedoch mit höchstens 60 cm Höhe deutlich kleiner.

Kleines Springkraut

Edel-Gamander

Teucrium chamaedrys

- Staude
- Juli bis August
- 10–30 cm

Der Edel-Gamander ist eine Pflanze mit ganz speziellen Standortansprüchen und daher nur selten zu finden. Seine großen Lippenblüten bestehen fast nur aus der dreilappigen Unterlippe – die Oberlippe sitzt ihr als kleines Zipfelchen an –, deren Mittellappen in der Mitte eingekerbt ist. Der vierkantige Stengel ist behaart und kann im unteren, verzweigten Abschnitt manchmal verholzen. Der Edel-Gamander duftet aromatisch nach ätherischen Ölen, enthält aber auch Bitterstoffe und Gerbstoffe. Als Heilpflanze wurde er bei Magenbeschwerden und schlecht heilenden Wunden verordnet.

blühende Pflanze

Merkmale
eine bis sechs Lippenblüten (1–1,5 cm lang) in Quirlen in den Achseln der oberen Blätter; Blätter gegenständig, eiförmig, grob gezähnt

Vorkommen
kalkreiche, stickstoffarme, flachgründige Lehmböden; Trockenrasen und -gebüsche, lichte Trockenwälder

Verbreitung
fehlt im Tiefland, Alpenvorland, in den Mittelgebirgen und Alpen mit Silikatgestein gebietsweise; selten

- einjährig
- März bis Oktober
- 5–30 cm

- **Merkmale**
  sechs bis zehn Lippenblüten (1 cm lang) in Quirlen in den oberen Blattachseln; Blätter gegenständig, 1–2,5 cm lang, brennesselartig gezähnt
- **Vorkommen**
  stickstoffreiche, lockere, sandige Lehmböden; Äcker, Gärten, Ödland, Gebüsche
- **Verbreitung**
  sehr häufig; im Gebirge bis zur Waldgrenze

Rote Taubnessel

Lamium purpureum

Die Rote Taubnessel trägt ihren Namen nach den brennesselartigen Blättern, die jedoch keine Brennhaare tragen. Die Blüte wird von einem in fünf schmal lanzettliche Zähne geteilten Kelch umgeben. Die Oberlippe ist helmförmig gebogen, der Mittellappen der Unterlippe vorn tief herzförmig ausgerandet. Der Stengel ist vierkantig. Da die Samen ein nahrhaftes Anhängsel tragen, werden sie von Ameisen gesammelt und verschleppt. Die ähnliche Gefleckte Taubnessel *(Lamium maculatum)* hat eine 2–3 cm lange Lippenblüte mit dunkler Zeichnung auf der Unterlippe.

Gefleckte Taubnessel

Gewöhnlicher Hohlzahn

Galeopsis tetrahit

Der Gewöhnliche Hohlzahn hat einen vierkantigen Stengel. Die Blüten sitzen in einem Kelch mit fünf spitzen Zähnen, die in eine lange Granne auslaufen. Die Oberlippe der Krone ist kurz helmförmig, der Mittellappen der dreiteiligen Unterlippe trägt eine violett-gelbe Zeichnung. Der deutsche Name Hohlzahn bezieht sich auf zwei hohle, zahnartige Vorwölbungen der Unterlippe am Eingang zur Kronröhre. Durch Chromosomenuntersuchungen und Züchtungsversuche fand der schwedische Botaniker Müntzing heraus, daß der Hohlzahn ein Bastard aus zwei Elternarten ist.

blühende Pflanze

- **einjährig**
- **Juni bis Oktober**
- **10–50 cm**

- **Merkmale**
  6–15 Lippenblüten (1,5–2,2 cm lang) in Quirlen in den oberen Blattachseln; Blätter gegenständig, 3–10 cm lang, 1,5–4,5 cm breit, brennesselartig gezähnt
- **Vorkommen**
  stickstoffreiche Lehmböden; Wälder, Wegränder, Ödland, Äcker
- **Verbreitung**
  häufig; in den Alpen bis über 2.000 m

- Staude
- Juni bis Juli
- 0,50–1,30 m

- **Merkmale**
  10–20 Lippenblüten (1–1,5 cm lang) sitzen in Quirlen in den oberen Blattachseln; Blätter gegenständig, brennesselartig gesägt

- **Vorkommen**
  stickstoffreiche, lockere Lehmböden; Ödland, Wegränder, Gebüsche

- **Verbreitung**
  im Tiefland verzeinzelt; fehlt in Sandgebieten, sonst zerstreut; in den Alpen bis 1.200 m

Schwarznessel

Ballota nigra

Die Schwarznessel hat einen vierkantigen Stengel. Ihr kurz behaarter, 1 cm langer Blütenkelch endet in begrannten Zähnen und hat zehn rippenartige Nerven. Die Oberlippe der Blüte ist außen dicht behaart und flach helmförmig, der Mittellappen der dreiteiligen Unterlippe ist vorn eingekerbt und weißlich geadert. Die Staubgefäße stehen gerade und aufrecht in der Blüte. Die Schwarznessel war ursprünglich eine typische Dorfpflanze, die dungreiche, stickstoffhaltige Plätze liebte. Asphaltierte Wege und Plätze haben sie etwas zurückgedrängt.

blühende Pflanze

Wald-Ziest

Stachys sylvatica

Im oberen Bereich des Stengels stehen die Lippenblüten des Wald-Ziestes so dicht, daß der Anschein einer Ähre entsteht. Die Blütenkelche sind weinrot überlaufen, die Oberlippe der Krone flach helmförmig und die Unterlippe dreilappig. Den Mittellappen ziert eine auffallende weiße Zeichnung auf dunkelrotem Grund. Nach der Blütezeit krümmen sich die längeren der vier Staubblätter seitlich aus der Blüte heraus. Der Wald-Ziest fällt durch seinen unangenehmen Geruch auf, der vor allem beim Zerreiben der langen, unterirdischen Ausläufer auftritt.

blühende Pflanze

- **Staude**
- **Juni bis September**
- **0,30–1 m**

- **Merkmale**
  meist sechs Lippenblüten (1,2–1,5 cm lang) in Quirlen in den Achseln der oberen Blätter; Blätter gegenständig, gestielt, brennesselartig
- **Vorkommen**
  feuchte, stickstoffreiche Lehmböden; lichte Stellen in Wäldern, Ufer, Wiesenwege
- **Verbreitung**
  im westlichen Tiefland selten, sonst häufig

- Staude
- Juni bis September
- 0,30–1 m

- **Merkmale**
  bis sechs Lippenblüten (1,5–1,8 cm lang) in Quirlen in den Achseln der oberen Blätter; Blätter gegenständig, lanzettlich, gekerbt bis gesägt

- **Vorkommen**
  feuchte, stickstoffreiche Lehm- oder Tonböden; Gräben, Wegränder, Naßstellen in Wäldern

- **Verbreitung**
  fehlt auf Sand in kleineren Gebieten, sonst zerstreut, bis 1.200 m

Sumpf-Ziest

Stachys palustris

blühende Pflanze

Der Sumpf-Ziest ist vom Wald-Ziest vor allem anhand der Blätter zu unterscheiden: Sie sitzen gegenständig, sehr kurz gestielt bis sitzend, 3–12 cm lang und 1–3 cm breit, gekerbt bis gesägt und oberseits schütter behaart, dem vierkantigen Stengel an. Die Oberlippe der Blüte ist flach helmförmig, die Unterlippe etwa doppelt so groß, dreiteilig und oberseits weiß gezeichnet. Der Sumpf-Ziest überwintert mit einem Speicherrhizom, das im Bereich der Knoten walzenartig verdickte Knollen bildet. Sie dienen der Pflanze zur vegetativen Vermehrung und sind außerdem eine begehrte Nahrung von verschiedenen Wildtieren.

Wilder Dost

Origanum vulgare

Der Wilde Dost hat einen vierkantigen, behaarten Stengel. Die Blüten stehen zu zwei bis drei in den Achseln winziger, rot überlaufener Hochblätter. Mehrere solcher Teilblütenstände sind zu köpfchenförmigen Blütenständen vereinigt.

Auffallend an den kahlen Blättern sind die stark hervortretenden Nerven auf der Unterseite. Der Wilde Dost galt früher als probates Mittel, um Haus und Hof vor Hexen zu schützen. Als Gewürz und Heilpflanze wirkt Dost angenehm appetitanregend und kann als Aufguß bei Entzündungen im Mund- und Rachenraum verwendet werden.

blühende Pflanze

- **Staude**
- **Juli bis September**
- **20–90 cm**

- **Merkmale**
  Lippenblüten (4–7 mm lang) in zusammengesetzen Blütenständen; Blätter gegenständig, gestielt, schmal-eiförmig

- **Vorkommen**
  trockene, steinig-sandige Lehmböden; Trockengebüsche und -wälder, Wegränder, Halbtrockenrasen

- **Verbreitung**
  im Norddeutschen Tiefland vereinzelt; sonst zerstreut; bis zur Laubwaldgrenze

- ▸ **Staude**
- ▸ **Juni bis September**
- ▸ **5–10 cm**

▸ **Merkmale**
zahlreiche Lippenblüten (6–7 mm lang) quirlförmig an Stengel- und Zweigende; Blätter gegenständig, lineal bis schmal eiförmig

▸ **Vorkommen**
kalkarme, lockere, sandige Böden; Rasen, lichte Kiefernwälder; Dünen

▸ **Verbreitung**
im Tiefland selten bis fehlend, gebietsweise selten, sonst häufig

Sand-Thymian

Thymus serpyllum

Der Sand-Thymian ist eine Sammelart, unter der Botaniker mehrere Arten zusammenfassen. Die niedrige Pflanze mit ihren sitzenden, am Rand meist bewimperten Blättern wird zwar zu den Stauden gezählt, kann aber im unteren Bereich auch verholzen. An kriechenden, nicht blühenden Sprossen, die an den Knoten Wurzeln bilden, stehen kurze, aufgebogene Blütensprosse. Die Oberlippe trägt drei kurze, eckige, die Unterlippe zwei längere, schmale Zähne. Der Sand-Thymian enthält dieselben Inhaltsstoffe wie der Garten-Thymian, wenn auch in geringeren Mengen.

blühende Pflanze

Roter Fingerhut

Digitalis purpurea

Zur Blütezeit bietet der Rote Fingerhut einen prächtigen, unverwechselbaren Anblick. Sein Blütenkelch ist bis zum Grund in fünf eiförmige, drüsig behaarte Zipfel geteilt. Die schmal glockenförmige Krone hängt etwas nach unten. Als Saftmale für bestäubende Insekten dienen weißgerandete, rotviolette Flecken in ihrem Innern. Der Rote Fingerhut enthält, wie andere Arten der Gattung auch, herzwirksame, giftige Glycoside (Digitalis), die früher als Pflanzendroge zur Herzstärkung verwendet wurden – heute verwendet man jedoch ähnliche, synthetisch hergestellte Präparate.

blühende Pflanze

- **einjährig**
- **Juni bis Juli**
- **0,50–1,50 m**

- **Merkmale**
  zahlreiche Blüten (3,5–5 cm lang) in einer endständigen Traube; Blätter in grundständiger Rosette und wechselständig, eiförmig bis lanzettlich, gezähnt
- **Vorkommen**
  kalkarme, steinig-lockere Lehmböden; Waldlichtungen, Waldwege
- **Verbreitung**
  fehlt auf Kalk, im Tiefland selten, in Mittelgebirgen mit Kalkgestein zerstreut

- Staude
- Mai bis August
- 20–60 cm

- **Merkmale**
zahlreiche Blüten (Durchmesser 1–1,5 cm) in einer lockeren Ähre; Blätter wechselständig, lanzettlich, ungefleckt

- **Vorkommen**
kalkhaltige oder basenreiche, teilweise feuchte Lehmböden; lichte Laubwälder, Sumpfwiesen, Quellsümpfe, Flachmoore

- **Verbreitung**
im Tiefland vereinzelt; fehlt auf Sand und Silikatgestein; sonst zerstreut; in den Alpen bis 2.500 m

Mücken-Händelwurz

Gymnadenia conopsea

Wie alle einheimischen Orchideen ist die Mücken-Händelwurz selten und geschützt. Ihren Gattungsnamen trägt sie wegen der handförmig geteilten Knolle. Der dünne Sporn der Blüte ist mit 1,5–2 cm Länge stets deutlich länger als der gedrehte Fruchtknoten, der einen Blütenstiel vortäuscht. Ein weiteres Merkmal ist die dreilappige Lippe, die mindestens so breit wie lang ist (meist breiter) und einen gekerbten oder gewellten Rand besitzt. Im Sporn sammelt sich Nektar an, der nur von langrüsseligen Tagfaltern erreicht wird. Dabei findet auch die Bestäubung mit den Pollenpaketen statt.

blühende Pflanze

Geflecktes Knabenkraut

Dactylorhiza maculata

Wie alle einheimischen Orchideen ist das Gefleckte Knabenkraut selten und geschützt. Seine Blüte trägt einen walzenförmigen, nach hinten gerichteten Sporn. Die Lippe ist 6–10 mm lang, deutlich dreilappig (der Mittellappen kann sehr klein sein) und trägt auf hellem Grund purpurne, linienförmige und fleckige Zeichnungen. Zwei Blütenblätter neigen sich jeweils zusammen, die übrigen drei stehen seitlich und aufwärts ab. Zu Beginn der Blütezeit ist der Blütenstand etwa pyramidenförmig, streckt sich dann jedoch. Die Pflanze ist sehr variabel und wird als Sammelart verstanden.

blühende Pflanze

- **Staude**
- **Juni bis August**
- **20–60 cm**

- **Merkmale**
  zahlreiche Blüten (Durchmesser 1,5–2 cm) in einer walzenförmigen Ähre; Blätter wechselständig, 5–10 cm lang, dunkel gefleckt
- **Vorkommen**
  kalkarme bis -freie, nährstoffarme, feuchte Lehmböden; lichte Wälder, Bergwiesen, Heiden
- **Verbreitung**
  zerstreut; in den Alpen bis 2.000 m

- Staude
- Mai bis Juli
- 0,30–1,50 m

- **Merkmale**
  vierzählige Blüten (Durchmesser 1–2 cm) in einer zusammengesetzten, doldenartigen Traube; Blätter wechselständig manchmal fast gegenständig, mit herzförmigem Grund
- **Vorkommen**
  nährstoffreiche, kalkhaltige, steinige Böden; schattige Laubwälder
- **Verbreitung**
  fehlt im Tiefland; in Mittelgebirgen mit kalkhaltigem Gestein selten

Wildes Silberblatt

Lunaria rediviva

Blütenstand mit eiförmiger Schote

Die Blätter des Wilden Silberblattes, auch Mondviole genannt, sind gestielt, länglich bis eiförmig und enden in einer langen Spitze. Der Blattrand ist ungleich gezähnt. Die Mondviole gehört zu den klassischen Blumen der Bauerngärten. Grund dafür sind neben den duftenden Blüten vor allem die charakteristischen Früchte: An einem 2–3,5 cm langen Stiel sitzt eine 3–7 cm lange, länglich-eiförmige Schote. Sie ist durch eine glänzende Scheidewand getrennt, die auch nach der Fruchtreife stehen bleibt. Die Blüten werden von Bienen und von Nachtschmetterlingen bestäubt.

Gamander-Ehrenpreis

Veronica chamaedrys

- Staude
- April bis Juni
- 10–30 cm

Beim Gamander-Ehrenpreis stehen die Blüten nicht einzeln oder in endständiger Traube, sondern seitlich in den Achseln von Tragblättern. Außerdem verrät er sich durch seine besondere Behaarung und Blattstellung: Die Stengelhaare stehen in zwei deutlich sichtbaren Reihen, und die Blätter (2 – 3,5 cm lang) sitzen dem Stengel an bzw. sind nur sehr kurz gestielt. Beim genauen Betrachten der Blüte fällt auf, daß das untere der vier Kronblätter etwas schmaler ist als die übrigen. Zwischen acht und neun Uhr morgens öffnen sich die Blüten. Sie locken Bienen mit dunklen Strichmalen und einem weißen Ring an.

blühende Pflanze

- **Merkmale**
  meist zwei vielblütige Trauben (Durchmesser der Blüte 1–1,3 cm) in den Achseln der oberen Blätter; Blätter gegenständig, eiförmig, gezähnt
- **Vorkommen**
  nährstoff- und humusreiche Lehmböden; Gebüsche, Wiesen, trockene Wälder
- **Verbreitung**
  sehr häufig; bis über die Baumgrenze

- Staude
- Juni bis Oktober
- 40–80 cm

- **Merkmale**
  jeweils zwei Blüten (Durchmesser 2,5–4 cm) in einem Teilblütenstand; Blätter handförmig in fünf bis sieben Abschnitte geteilt
- **Vorkommen**
  nährstoffreiche, kalkhaltige Lehm- oder Tonböden; Fettwiesen und Wegränder
- **Verbreitung**
  fehlt im Tiefland, in Mittelgebirgen und den Alpen mit kalkarmen Gesteinen; sonst häufig

Wiesen-Storchschnabel

Geranium pratense

Die hellblauen bis violetten Blütenblätter des Wiesen-Storchschnabels sind vorn abgerundet bis rundlich abgeflacht, der Kelch und die Blütenstiele dicht und kurz behaart. Die Blütenstiele ändern im Zuge der Blütenentwicklung mehrfach ihre Orientierung durch eine Wachstumsbewegung: Knospen stehen aufrecht, die geöffnete Blüte an etwa waagerechten, die Früchte an abwärts gerichteten Stielen. Bei Regenwetter nicken die Blüten. Auf feuchten Mähwiesen kann der Wiesen-Storchschnabel vor der zweiten Mahd im Spätsommer weite Flächen prägen.

Blüten und storchschnabelartige Früchte

Schwalbenwurz-Enzian

Gentiana asclepiadea

Die Blätter des Schwalbenwurz-Enzians stehen häufig fast in zwei Zeilen. Seine Blüten haben eine engglockige Form. Zwischen den fünf Zipfeln sitzen kurze Zähne, die fast halb so lang wie die Kronzipfel werden können. Das Innere der Krone ist mit hellen Längsstreifen und violetten Punkten verziert, die Staubbeutel sind zu einer Röhre verklebt. Die Blüten öffnen sich morgens und schließen sich abends zwischen 17 und 18 Uhr. Obwohl sie von Hummeln besucht werden, kommt es häufig zu Selbstbestäubung. Alle Enzianarten sind geschützt.

blühende Pflanze

- **August bis Oktober**
- **Staude**
- **30–90 cm**

- **Merkmale**
  Blüten (3–5 cm lang) zu eins bis drei in den Blattachseln; Blätter gegenständig, schmal-lanzettlich, ganzrandig
- **Vorkommen**
  feuchte, kalkhaltige, nährstoffreiche Lehmböden; Flachmoore, lichte Nadelwälder, alpine Hochstaudenfluren
- **Verbreitung**
  Schweizer und Schwäbischer Jura vereinzelt; Alpenvorland, südliche Kalkalpen zerstreut; bis 2.200 m

- Staude
- Mai bis August
- 5–10 cm

- **Merkmale**
  Blüten (5–6 cm hoch) einzeln am Stengelende; Blätter in einer Rosette und gegenständig am Stengel
- **Vorkommen**
  kalkarme, humose, feuchte Lehmböden; alpine Matten, lichte Wälder, Gebüsche in 1.200–2.800 m
- **Verbreitung**
  Schweizer Jura, Alpenvorland, Alpen (Zentralalpen); zerstreut aber örtlich individuenreich

Stengelloser Keulen-Enzian

Gentiana acaulis

Großblütiger Enzian

Der Stengellose oder Keulen-Enzian bietet mit seinen vergleichsweise großen satt-violetten Blüten einen prachtvollen Anblick. Seine glockig geöffnete Blüte endet in fünf, etwa dreieckigen Zipfeln. Sie ist im Inneren grün gestreift bis gefleckt. Auch der Kelch ist glockig und in fünf Zipfel geteilt. Während die Rosettenblätter bis 10 cm lang werden, bleiben die Stengelblätter dagegen kleiner. Auf kalkhaltigem Gestein (Kalkalpen) wächst der dem Stengellosen Keulen-Enzian ähnliche Großblütige Enzian *(Gentiana clusii)*. In seiner Blütenkrone fehlen aber die grünen Zeichnungen. Alle Enzianarten sind selten und geschützt.

Kleines Immergrün

Vinca minor

- Staude
- September bis Oktober
- 10–20 cm

Die blauen bis blauvioletten Blüten des Kleinen Immergrüns können gelegentlich auch lila, hellblau oder weiß erscheinen. Ihre flach ausgebreiteten Kronblätter sind an der Basis zu einer 0,5–1 cm langen Röhre verwachsen. Aus einem weit verzweigten Rhizom entspringen die kriechenden Stengel, die sich an den Knoten bewurzeln können. Die blaue Blüte gilt als Farbe der Ewigkeit und die immergrünen Blätter als Sinnbild der Beständigkeit und Treue. Daher flocht man früher daraus Kronen für Jungfrauen, gab Immergrün den Toten mit ins Grab und braute daraus Zauber- und Liebestränke.

blühende Pflanze

- **Merkmale**
  fünfzählige, einzeln stehende Blüten mit schief abgeschnittenen Kronblättern; Blätter gegenständig, ledrig, immergrün, lanzettlich
- **Vorkommen**
  nährstoffreiche Lehm- oder Tonböden, Schatten; lichte Laubwälder
- **Verbreitung**
  fehlt auf Sandböden des Tieflandes und der Mittelgebirge; zerstreut; im Gebirge bis 1.200 m

- Staude
- März bis April
- 15–30 cm

- **Merkmale**
  Blüten (Durchmesser 8–13 mm) in einem doldigen Blütenstand; Blätter wechselständig, sitzend oder am Grund herzförmig, 3–10 cm lang, 1,5–4 cm breit
- **Vorkommen**
  kalkhaltige, lockere Böden; Laubwälder, Mischwälder, trockene Gebüsche
- **Verbreitung**
  fehlt gebietsweise auf Sandböden; selten; bis etwa 1.200 m

Echtes Lungenkraut

Pulmonaria officinalis

Die gestielten Grundblätter des Echten Lungenkrautes stehen in einer Rosette, die oberen Blätter sitzen dem Stengel an oder sind herzförmig, halb stengelumfassend. Alle Blätter sind abstehend silbrig behaart. Nimmt man eine Lupe zur Hilfe, sieht man, daß die Krone im Eingang zur Kronröhre einen Haarring trägt. Die merkwürdigen hellen Flecken auf den Blättern wurden im mittelalterlichen Volksglauben als Milch Mariens oder Lungenflecke interpretiert und das Lungenkraut (Name) als Heilmittel gegen Lungenkrankheiten – heute noch als Hustenmittel – verwendet.

Pflanze mit verschiedenfarbigen Blüten

Acker-Vergißmeinnicht

Myosotis arvensis

Der von Grund an verzweigte Stengel des Acker-Vergißmeinnichts bildet meist auch an den unteren Seitentrieben Blütenstände aus – darin unterscheidet er sich von anderen Vergißmeinnichtarten. Neben den Stengel- hat er auch Rosettenblätter. Sowohl der Stengel wie die Blätter sind behaart, auch der Kelch trägt abstehende, hakig gekrümmte Haare. Junge Blütenstände erscheinen eingerollt, die Blütenstiele strecken sich jedoch, und die reifen Blüten spreizen sich vom Stengel ab. Ihre Schlundschuppen sind zu einem gelben Ring vereinigt.

blühende Pflanze

- **einjährig**
- **April bis Oktober**
- **10–40 cm**

- **Merkmale**
  Blüten (Durchmesser 2–5 mm) in einem zusammengesetzten, traubigen Blütenstand; Blätter wechselständig, schmal zungenförmig, 1–5 cm lang, 0,5–1 cm breit

- **Vorkommen**
  nährstoffreiche Lehmböden; Getreide- und Hackfruchtäcker, Ödland, Wiesen, lichte Stellen im Wald

- **Verbreitung**
  häufig; in den Alpen bis 2.000 m

- Staude
- Mai bis Oktober
- 15–40 cm

- **Merkmale**
5–20 Blüten (Durchmesser 4–10 mm) in einem engen, rispigen Blütenstand; Blätter wechselständig, eiförmig, 2–10 cm lang, 0,5–2 cm breit

- **Vorkommen**
stickstoffhaltige, feuchte Lehmböden; Gräben, Sumpfwiesen, feuchte Wälder

- **Verbreitung**
häufig; in den Alpen bis 2.000 m

Sumpf-Vergißmeinnicht

Myosotis palustris

Das Sumpf-Vergißmeinnicht ist ein Nässeanzeiger. Unter der Art werden mehrere Kleinarten zusammengefaßt. Diese unauffällige Pflanze dürfte die am häufigsten vorkommende Vergißmeinnichtart sein. Sie hat einen kantigen, behaarten Stengel und behaarte Blätter. Der angedrückt behaarte, glockige Kelch endet in fünf, etwa dreieckigen Zipfeln, die Kronröhre ist 2,5–4 mm lang und die im Ring stehenden Schlundschuppen gelb. Das Sumpf-Vergißmeinnicht wächst mit einem kriechenden Wurzelstock kurz unter der Erde, aus dem die Stengel austreiben.

blühende Pflanze

Pfirsichblättrige Glockenblume

Campanula persicifolia

Die charakteristischen Blüten der auffälligen Glockenblumen machen es leicht, die Gattung zu erkennen. Die Unterscheidung in die verschiedenen Arten ist allerdings nicht immer einfach. Ein wichtiges Merkmal der Pfirsichblättrigen Glockenblume sind die namensgebenden Blätter. Die unteren sind kurz bis kaum gestielt, die mittleren verschmälern sich zum Grunde, die oberen sitzen dem Stengel an. Alle sind deutlich länger als breit (Stengelblätter höchstens 1 cm bei 6 – 8 cm Länge). Der Kelch ist in fünf 1,5 – 2 cm lange, schmale Zipfel geteilt. Die Pflanze liebt offene, sonnige Stellen, wächst daher niemals im Schatten.

blühende Pflanze

- **Staude**
- **Juni bis August**
- **30 – 80 cm**

- **Merkmale**
  Blüten (2,5 – 4 cm lang, Durchmesser 3 – 4 cm) auf aufwärts gerichteten Stengeln in einer Traube; Blätter wechselständig, schmal-lanzettlich
- **Vorkommen**
  kalk- und mullhaltige, steinig-sandige Lehmböden; Wälder, Gebüsche
- **Verbreitung**
  fehlt im Tiefland westlich der Weser; auf Lehmböden zerstreut

- Staude
- Juni bis September
- 10–30 cm

- **Merkmale**
  Blüten (1–2 cm lang) in lockerer Traube oder Rispe; Grundblätter rundlich, Stengelblätter wechselständig, lanzettlich
- **Vorkommen**
  sandig-steinige Lehmböden; Schotter, Felsen, Wiesen, Weg- und Waldränder
- **Verbreitung**
  häufig; im Gebirge bis zur Laubwaldgrenze

Rundblättrige Glockenblume

Campanula rotundifolia

blühende Pflanze

Die zierliche Rundblättrige Glockenblume bildet zwei Blattformen aus: Rundliche bis nierenförmige, langgestielte Grundblätter (Vorsicht!; zur Blütezeit sind sie oft bereits verwelkt) und nur höchstens 2 mm schmale, ungestielte Stengelblätter. Die meist nickenden, fünfzipfligen (etwa ein Drittel der Kelchlänge) Blütenkronen sind weit glockig geöffnet, der Kelch besteht aus fünf schmalen Zipfeln. Glockenblumen gehören zu den schönsten heimischen Wildpflanzen, daher wurden sie als Arten und in vielen Zuchtformen mit verschiedenen Blütenfarben und -größen schon recht früh für den Ziergarten entdeckt.

Schwarze Teufelskralle

Phyteuma nigrum

Warum die gebogene Form der Blütenknospen Anlaß gab, sie mit Teufelskrallen zu vergleichen, ist heute kaum noch nachzuvollziehen. Die Schwarze Teufelskralle gehört zu den Glockenblumengewächsen und zeichnet sich durch eine besondere Form der Blüten aus, die Fensterblüten: Die fünf bandförmigen Kronblätter sind an der Basis und der Spitze verwachsen, in der Mitte klaffen sie auf. Bei älteren Blüten reißen sie bis zum Grund auf. Die lang gestielten Grundblätter sind etwa herzförmig, nach oben zu wird der Stiel kürzer, schließlich fehlt auch der herzförmige Grund.

Blütenstand und Grundblatt

- **Staude**
- **Mai bis Juli**
- **20–60 cm**

- **Merkmale**
  zahlreiche Blüten (1–1,5 cm lang) in einem kegelförmigen bis zylindrischen Blütenstand; Blätter wechselständig, 3–5 cm lang, 1,5–2,5 cm breit

- **Vorkommen**
  kalkarme, humose Lehmböden; lichte Laubwälder, Bergwiesen

- **Verbreitung**
  im Norddeutschen Tiefland selten, tiefere Lagen der Mittelgebirge zerstreut, fehlt in den Alpen

- Staude
- Mai bis Juni
- 5–15 cm

Merkmale
eine einzelne Blüte am Ende eines Stengels; kriechender Wurzelstock; grundständige Blätter mit drei deutlichen Lappen, am Stielansatz herzförmig eingeschnitten

Vorkommen
kalkhaltige, nährstoffreiche Böden in Laubwäldern, manchmal auch in Mischwäldern

Verbreitung
zerstreut in den Mittelgebirgen und im Alpenvorland; in den Alpen bis 1.500 m, selten

Leberblümchen

Hepatica nobilis

blühende Pflanze

Die Blüten des unscheinbaren Leberblümchens sind in der Regel blau gefärbt, können aber auch blauviolett bis rotviolett erscheinen. Die Zahl ihrer Blütenblätter schwankt. Man findet Exemplare mit fünf bis zehn Blütenblättern, meist haben sie aber sechs oder sieben. Da die Blätter den Winter über erhalten bleiben, sind sie im Frühjahr oft frostfleckig. Gegen Abend oder bei schlechtem Wetter schließen sich die Blüten. Die Öffnungsbewegung des nächsten Tages basiert auf dem Wachstum der Kronblätter, die daher während ihrer Lebenszeit auf fast das Doppelte ihrer Anfangslänge heranwachsen. Der deutsche Name bezieht sich auf das leberartige Aussehen der Blätter.

Gewöhnliche Küchenschelle

Pulsatilla vulgaris

Da die Küchenschelle oder auch Kuhschelle keinen Dünger verträgt, verschwindet sie immer mehr von unseren einheimischen bewirtschafteten fetten Wiesen. Sie ist zwar noch nicht – wie viele andere Arten der Gattung – vom Aussterben bedroht, gehört aber zu den geschützten Pflanzen Deutschlands. In reichen Beständen findet man sie fast nur noch in unberührten Naturschutzgebieten (Kalktrockenrasen mit Südexposition ist der gefragte Standort). Die Blätter sind dicht weiß behaart; unterhalb der Blüte sind mehrere Hochblätter zu einem Quirl verwachsen. Früher hat man die leicht giftige Pflanze (enthält Protoanemonin) zu Heilzwecken genutzt.

blühende Pflanze

- **Staude**
- **März bis April**
- **5–15 cm**

- **Merkmale**
  Blüten (Durchmesser 5,5–7 cm) einzeln, weit geöffnet; Blätter nach der Blüte erscheinend, mehrfach gefiedert, Fiedern schmaler als 5 mm
- **Vorkommen**
  unbedingt kalkreiche, trockene Böden; auf Trockenrasen oder in lichten Kiefernwäldern
- **Verbreitung**
  im Tiefland sehr selten, im Mittelgebirge bis 1.000 m selten, fehlt in den Alpen

- Staude
- Juli bis Oktober
- 0,50–1,50 m

- **Merkmale**
  Blüten in Körbchen (1–1,8 cm lang, 0,5–1 cm breit) zu ein bis fünf an den Triebenden; Blätter wechselständig, schmaleiförmig bis lanzettlich, gezähnt bis fiederteilig

- **Vorkommen**
  stickstoffreiche Lehmböden; Äcker, Waldlichtungen, Ufer

- **Verbreitung**
  sehr häufig

Acker-Kratzdistel

Cirsium arvense

Auf den ersten Blick scheint die Acker-Kratzdistel zu den echten Disteln zu gehören (s. *Carduus crispus*, Seite 136). Man braucht eine Lupe, um dies auszuschließen: Die Pappushaare sind fedrig geteilt und nicht glatt wie bei den Disteln. Im Körbchen stehen nur zwittrige Röhrenblüten, die Hüllblätter in mehreren Reihen, jedes mit einem kurzen, dunklen Stachel an der Spitze. Während die unteren Blätter einen kurzen Stiel haben, sitzen die oberen direkt dem Stengel an. Die Blattränder sind buchtig gezähnt mit jeweils einem harten Stachel.

blühende Pflanze

Berg-Flockenblume

Centaurea montana

Die Berg-Flockenblume besiedelt Gebirgslagen bis etwa zur Baumgrenze. Ihre randlichen Röhrenblüten sind blau, strahlig abgespreizt und tief in fünf Zipfel geteilt, die inneren Röhrenblüten rotviolett und zwittrig. Das Körbchen wird von Hüllblättern umschlossen, deren schwarzer Rand kammförmig gefranst ist. Der Stengel ist kurz und rauh behaart, die oberen Blätter laufen mit breitem Rand den Stengel herab. Vor allem die unteren Stengelblätter können buchtig gelappt oder gewellt sein. Wie bei allen *Centaurea*-Arten sind die Staubfäden reizbar und ziehen sich bei Berührung zusammen.

blühende Pflanze

- **Staude**
- **September bis Oktober**
- **10–60 cm**

- **Merkmale**
  Blüten in Körbchen (2–3 cm lang, 3,5–5 cm breit) einzeln am Stengelende; Blätter wechselständig, schmal eiförmig

- **Vorkommen**
  humose, mäßig nährstoffreiche, etwas kalkhaltige Lehmböden; Schluchtwälder, Bergwiesen

- **Verbreitung**
  im Tiefland nur vereinzelt, in Mittelgebirgen und Alpen auf kalkhaltigem Gestein; zerstreut

- einjährig
- Juni bis September
- 20–90 cm

- **Merkmale**
  Blüten in Körbchen (2 cm lang, 2,5–3,5 cm breit) einzeln an der Spitze des Stengels; Blätter wechselständig, schmal-lineal
- **Vorkommen**
  kalkarme, stickstoffreiche Lehmböden; Getreidefelder, Ödland
- **Verbreitung**
  selten, häufiger in Sandgebieten

Kornblume

Centaurea cyanus

Die sterilen Randblüten der Kornblume sind glockenartig vergrößert. Sie locken Bestäuber an – für Bienen erscheint der zentrale Bereich frei von UV-Reflexion. Fruchtbar sind nur die inneren Röhrenblüten. Der Stengel ist kurz behaart bis seltener fast kahl. Die Kornblume gehörte früher zum gewohnten Bild der Getreideäcker, da ihre Samen das Saatgut verunreinigten. Verbesserte Sortiertechniken und der Einsatz von Spritzmitteln haben dieses schöne Acker„unkraut" verdrängt. Nur in speziellen Programmen zur Erhaltung von Ackerrainen hat es noch eine Überlebenschance.

blühende Pflanze

Wegwarte

Cichorium intybus

blühende Pflanze

Das Blütenkörbchen der Wegwarte besteht aus zwittrigen Zungenblüten, täuscht jedoch fast perfekt eine Einzelblüte vor. In der Tat reagiert das Körbchen auch als Ganzes auf das Tageslicht: Es öffnet sich morgens und schließt sich zwischen 12 und 15 Uhr wieder. Wegwarten wachsen stets ästig verzweigt, die fiederteiligen Grundblätter stehen in einer Rosette, die Stengelblätter werden nach oben hin immer ganzrandiger. Als Kaffee noch ein teures Luxusprodukt war, wurden die Wurzeln der „Cichorie" geröstet und getrunken (Getreidekaffee). Der Chicorée stammt von einer Kultursorte der Wegwarte.

- **Staude**
- **Juli bis September**
- **0,20 – 1,50 m**

- **Merkmale**
  Blüten in Körbchen (Durchmesser 3 – 4 cm) zahlreich an den Triebenden und Astwinkeln; Blätter wechselständig, eiförmig bis lanzettlich
- **Vorkommen**
  stickstoffreiche, nicht zu trockene Lehmböden; Wegränder, Weiden, Ödland
- **Verbreitung**
  im Tiefland westlich der Elbe gebietsweise fehlend, sonst häufig

- **Staude**
- **Mai bis September**
- **20–80 cm**

- **Merkmale**
vierzählige Blüten (Durchmesser 1,2–1,8 cm) in einem flachen, 3–4 cm breiten Köpfchen; Blätter gegenständig, gezähnt bis fiederteilig (unten), obere fiederteilig

- **Vorkommen**
basische, stickstoffarme, trockene Lehmböden; Fettwiesen und Feld- und Wegraine

- **Verbreitung**
fehlt im Tiefland westlich der Elbe und am Niederrhein; häufig

Wiesen-Witwenblume

Knautia arvensis

blühende Pflanze

Auf den ersten Blick erinnert die Witwenblume, sie gehört zur Familie der Kardengewächse, an einen Korbblütler. Die Blüten haben jedoch nur vier Staubblätter (Korbblütler haben fünf, zu einer Röhre verwachsene Staubblätter). Bei den Randblüten ist ein Blütenblatt vergrößert. Der Blütenstand wird von 1–2 cm langen, lanzettlichen Hüllblättern umgeben, der obere Teil des Stengels ist abstehend behaart. Die Witwenblume wird von Bienen und Schmetterlingen bestäubt. Früher galt sie wegen ihres Gehaltes an Gerb- und Bitterstoffen als Heilpflanze.

Tauben-Skabiose

Scabiosa columbaria

Die Tauben-Skabiose gehört zu den Kardengewächsen und gleicht den Witwenblumen (siehe links) so sehr, daß einige Botaniker sie früher in eine gemeinsame Gattung stellten. Die Skabiosen haben jedoch Spreublätter auf dem Köpfchenboden, fünf Kronblätter und Kelchblätter mit vier bis fünf dunklen Borsten. Eines der Kronblätter der Randblüten ist zu einer Unterlippe vergrößert. Die Blüten werden von vielen Insekten bestäubt, die Früchte dank des häutigen Außenkelchs und der Borsten vom Wind verbreitet. Früher glaubte man, mit der Pflanze die Krätze heilen zu können.

blühende Pflanze

- **Staude**
- **Juni bis Oktober**
- **20–70 cm**

- **Merkmale**
  Blüten (1–1,8 cm lang) in einem schirmartigen Köpfchen; Grundblätter ungeteilt, Stengelblätter fiederteilig mit 1–3 mm breiten Fiedern

- **Vorkommen**
  magere, trockene, kalkhaltige Lehmböden; Halbtrockenrasen, magere Wiesen

- **Verbreitung**
  vereinzelt im Norddeutschen Tiefland, zerstreut in Kalkgebieten

- **Staude**
- **März bis April**
- **10–30 cm**

- **Merkmale**
zwei bis fünf Blüten (Durchmesser 1,5–2 cm) in lockerer Traube; zwei tief am Stengel ansetzende, schmale, fleischige Blätter

- **Vorkommen**
nährstoffreiche, kalkhaltige, humusreiche Böden; lichte Auenwälder, Wiesen

- **Verbreitung**
selten; in den Alpen kaum über 1.200 m

Zweiblättriger Blaustern
Scilla bifolia

Der Zweiblättrige Blaustern liebt feuchte, halbschattige Standorte. Seine Blütenhülle besteht aus sechs gleichartigen Blättern, die in der Regel himmelblau, seltener auch rosa oder weiß sein können. Die beiden fleischigen Blätter sind oberseits rinnenartig eingewölbt. Als Überdauerungsorgan dieser seltenen und geschützten Pflanze dient eine Zwiebel (Durchmesser 2–3 cm). Aus der Kultur verwildert findet man gelegentlich auch das Hasenglöckchen (*Scilla non-scripta*), bei dem 15–30 Blüten in einer lockeren Traube stehen. Es kommt bei uns wild nur am Mittelrhein und im westlichen Tiefland vor.

Hasenglöckchen

Sibirische Schwertlilie

Iris sibirica

Der Lebensraum der Sibirischen Schwertlilie fiel vielerorts Entwässerungs- und Intensivierungsmaßnahmen (Düngung, häufige Mahd) in der Landwirtschaft zum Opfer. Sie ist heute geschützt und auf den Schutz der wenigen erhaltenen Standorte angewiesen. Ihre äußeren, nach unten geschlagenen Blütenblätter weisen eine blauviolette Aderung auf hellem Grund auf, die inneren, dunkleren Blütenblätter sind aufwärts gerichtet. Selten findet man weißblütige Vertreter der Art. Anders als andere Vertreter der Gattung hat die Sibirische Schwertlilie nur ein dünnes, kaum verzweigtes Rhizom; sie enthält giftige Inhaltsstoffe.

blühende Pflanze

- **Staude**
- **Mai bis Juni**
- **0,40–1 m**

- **Merkmale**
  eine bis drei Blüten (äußere Blütenblätter 5 cm lang); Grundblätter schwertförmig, drei kleinere Stengelblätter

- **Vorkommen**
  basenreiche, kalkhältige, feuchte bis nasse Böden; Sumpf- und Moorwiesen, Flußauen

- **Verbreitung**
  fehlt im Nordwestdeutschen Tiefland; selten; im Gebirge kaum über 1.000 m

- Staude
- Juli bis September
- 0,50 – 2 m

- **Merkmale**
  helmförmige, außen behaarte Blüte; Blätter wechselständig, tief handförmig geteilt, fünf- bis siebenteilig (obere weniger)
- **Vorkommen**
  nährstoffreiche Ton- oder Lehmböden; Hochstaude, Gebüsche
- **Verbreitung**
  hohe Lagen der Mittelgebirge und Alpen

Blauer Eisenhut

Aconitum napellus

Der Blaue Eisenhut enthält mit dem Alkaloid Aconitin (0,3 – 2 % in der Knolle, 0,2 – 1,2 % im Blatt) ein äußerst gefährliches Gift. Bereits 3 – 6 mg reines Aconitin (wenige Gramm Pflanzenmaterial) sind tödlich für einen Erwachsenen. Kein Wunder, daß die Historie von zahlreichen Giftmorden berichtet, und Ovid den Geifer des Höllenhundes Zerberus für die Entstehung der Pflanze verantwortlich machte. Praktisch dachten auch die Senner, die angeblich Eisenhut pflanzten, um Wölfe zu vergiften. Die Pflanze ist ausgesprochen selten und geschützt.

blühende Pflanze

Acker-Rittersporn

Consolida regalis

- einjährig
- Mai bis September
- 15–40 cm

Einst gehörte der Acker-Rittersporn zum gewohnten Bild der bäuerlichen Feldflur, wurde aber durch den Einsatz von Spritzmitteln vielerorts verdrängt. Der lange, etwas nach oben weisende Sporn enthält Nektar und wird von langrüsseligen Hummeln und Schmetterlingen besucht. Die Pflanze ist schwach giftig (Alkaloide). Im Mittelalter galt der Rittersporn als Heilpflanze, worauf sein lateinischer Gattungsname (consolidare = festmachen im Sinne von „zusammenheilen") hinweist. Ähnlich ist der Garten-Rittersporn *(Consolida ajacis)*, der gelegentlich aus Gärten verwildert.

Garten-Rittersporn

- **Merkmale**
  Blüte (Durchmesser 1,5 cm) mit 1,5–2,5 cm langem Sporn; Blätter mehrfach in 1–2 mm breite Fiedern gegliedert
- **Vorkommen**
  nährstoffreiche, kalkhaltige Böden; Getreidefelder, Wegränder, Ödland
- **Verbreitung**
  fehlt im Tiefland, in den nordwestlichen Mittelgebirgen, im Schwarzwald und gebietsweise in den Alpen; selten

- Staude
- Mai bis Juli
- 30–80 cm

- **Merkmale**
  Blüten (Durchmesser 4–5 cm) mit nach oben gerichteten Spornen; Blätter wechselständig, dreiteilig, Grundblätter mit tief eingeschnittenen Teilblättchen

- **Vorkommen**
  lockere, humusreiche Lehmböden; Waldränder, Gebüsche, Bergwiesen

- **Verbreitung**
  fehlt im Tiefland und auf Sandstein in Mittelgebirgen, sowie stellenweise im Alpenvorland

Gewöhnliche Akelei

Aquilegia vulgaris

Die Gewöhnliche Akelei gehört zu den schönsten Wildblumen des mitteleuropäischen Raumes. Die große Blüte besteht aus einem äußeren und einem inneren Ring von Hüllblättern – die inneren verlängern sich in einen 2,5–3 cm langen, Nektar enthaltenden Sporn. Die Blüte wird von Hummeln bestäubt, manchmal beißen sich jedoch auch Bienen den Weg durch den Sporn und rauben den Nektar. Die Gewöhnliche Akelei ist schwach giftig und wurde früher zu Heilzwecken eingesetzt. Zuchtformen haben in vielen, auch mehrfarbigen, Sorten den Weg in die Ziergärten gefunden.

gespornte Blüten

Vogel-Wicke

Vicia cracca

Die Vogel-Wicke hat wie viele andere kletternde Pflanzen auch aus der Not, ihre Blätter ins Licht zu strecken, eine Tugend gemacht. Die letzten Fiedern des Blattes sind zu Ranken umgewandelt, die mit einer Suchbewegung so lange wachsen, bis sie an ein Hindernis stoßen. Dieses wird von der Ranke umwunden und dient als Widerlager für die Vogel-Wicke, die sich daran fest verankert. Ohne in Festigungsgewebe zu „investieren“, erhebt sich die Vogel-Wicke so über die Pflanzen in ihrer Umgebung.

Fiederblätter mit endständigen Ranken

- **Staude**
- **Juni bis August**
- **0,60–1,30 m**

- **Merkmale**
  15–40 Schmetterlingsblüten in lang gestielter Traube (länger als das gefiederte Tragblatt); Blätter wechselständig mit 12–20 Fiedern und verzweigter Ranke
- **Vorkommen**
  Lehm- und Tonböden; Wiesen, Wegränder, lichte Wälder
- **Verbreitung**
  häufig

- Staude
- Mai bis August
- 20–60 cm

- **Merkmale**
zwei bis sechs Schmetterlingsblüten (1,2–1,5 cm lang) in den Achseln der oberen Blätter; Blätter wechselständig mit 8–14 Fiedern und verzweigter Ranke

- **Vorkommen**
nährstoffreiche, humushaltige Lehmböden; Wiesen, Gebüsche, lichte Wälder

- **Verbreitung**
fehlt nur gebietsweise im Tiefland; in den Alpen bis 2.000 m; häufig

Zaun-Wicke

Vicia sepium

Fiederblätter mit endständigen Ranken

Wie die Vogel-Wicke klettert auch die Zaun-Wicke mit den zu Ranken umgebildeten Blattfiedern an Stützen empor. An ihren in Büscheln stehenden Blüten kann man die Zaun- gut von der Vogel-Wicke unterscheiden. Die Nebenblätter an der Basis der Blätter tragen eine große Nektardrüse (als dunkler Fleck sichtbar). Die Pflanze wird von Ameisen besucht, die sich hier mit dem Nektar versorgen. Zaun-Wicken liefern ein eiweißreiches Viehfutter und werden daher manchmal in Wiesen ausgesät. An ihren Wurzeln binden Knöllchenbakterien den Bodenstickstoff.

Vielblättrige Lupine

Lupinus polyphyllus

Die Vielblättrige Lupine wurde ursprünglich zur Bodenverbesserung eingeführt. In ihren Wurzeln leben symbiontische Bakterien. Sie bauen den Stickstoff des Bodens in Stickstoffverbindungen ein, die von Pflanzen genutzt werden können. Allerdings enthält die Lupine giftige Alkaloide, die bei Tieren zu Vergiftungen führen können. Inzwischen hat man „süße" Mutanten mit niedrigerem Alkaloidgehalt gezüchtet. Die Blätter (4–15 cm lange Fiederblättchen), die von oben wie ein vielzackiger Stern aussehen, machen die Lupine unverwechselbar.

charakteristische Fiederblättchen

- **Staude**
- **Juni bis September**
- **0,50–1,5 m**

- **Merkmale**
  Schmetterlingsblüten in einer bis 60 cm langen Traube; Blätter mit 9–17 handförmig angeordneten Fiedern
- **Vorkommen**
  keine besonderen Bodenansprüche (auch nährstoffarme Standorte)
- **Verbreitung**
  westliches Nordamerika; vor allem in Mittelgebirgen Mitteleuropas häufig eingebürgert

- **Staude**
- **Juni bis September**
- **30–90 cm**

- **Merkmale**
Schmetterlingsblüten, Blütenstände (Blüte 8–12 mm lang) am Ende des Sprosses und der Seitentriebe; Blätter wechselständig, dreiteilig

- **Vorkommen**
tiefgründige Lehm- und Lößböden, auch nährstoffarme Standorte; häufig im Feldanbau

- **Verbreitung**
Persien, Naher Osten; über das Mittelmeer nach Mitteleuropa; Kulturpflanze

Blaue Luzerne

Medicago sativa

blühende Pflanze

Die Blüten der Blauen Luzerne stehen zu je 5–25 in kopfigen Blütenständen zusammen. Ihre Farbe variiert von purpurrot bis lila oder violett. Die Blättchen sind in drei Fiedern gegliedert, die Endfieder ist deutlich lang gestielt, und die Mittelrippe der Fiederblättchen setzt sich in eine kleine Spitze fort. Die Blaue Luzerne wurde bereits in der Antike im Mittelmeergebiet angebaut. Sie kann mehrmals im Jahr geschnitten werden und liefert ein eiweißreiches Viehfutter. Untergepflügt dient die Luzerne als stickstoffhaltiger Gründünger.

Gewöhnliche Kreuzblume

Polygala vulgaris

- **Staude**
- **Mai bis August**
- **10–30 cm**

Die Blüten der Gewöhnlichen Kreuzblume stehen in der Achsel winziger Tragblätter. Zwei der drei blauen, gelegentlich auch roten Kelchblätter sind blumenblattartig zu Flügeln vergrößert. Die Kronblätter sind rinnig verwachsen und enden vorn mit hellblauen bis weißen Fransen. Der lateinische Gattungsname beruht auf einem Aberglaube, der auf das Altertum zurückgeht: Angeblich sollten Kühe, die diese Blume fraßen, „viel Milch" (Polygala) geben. Die ähnliche Bittere Kreuzblume *(Polygala amara)* hat spatelig in den Grund verschmälerte, lanzettliche Rosettenblätter.

Bittere Kreuzblume

Merkmale
Blüten (7–8 mm lang) in einer Traube; untere Blätter eiförmig, obere schmallanzettlich, bis 2,5 cm lang

Vorkommen
lockere, sandige, nährstoffarme Lehmböden; Rasen, Böschungen, Wegränder

Verbreitung
vereinzelt im Norddeutschen Tiefland, sonst selten; in den Alpen bis 2.000 m

- Staude
- März bis April
- 3–10 cm

- **Merkmale**
  einzelne, duftende Blüten (Durchmesser 1,5–2 cm) auf langen Stielen in den Achseln der Grundblätter; Blätter herz-eiförmig bis rundlich
- **Vorkommen**
  nährstoffreiche, etwas feuchte Lehmböden; Hecken, Rasen
- **Verbreitung**
  fehlt im Tiefland, in Mittelgebirgen, Alpenvorland und Alpen gebietsweise; sonst zerstreut

März-Veilchen

Viola odorata

Pflanze mit Ausläufer

Die Blüten des März-Veilchens gehören zu den ersten Frühlingsboten. Es läßt sich von dem ähnlichen Rauhhaarigen Veilchen vor allem durch den Duft und die Ausläufer unterscheiden. Sie entspringen an den Blattrosetten, bewurzeln sich und wachsen zu neuen Tochterpflänzchen heran. Ein sichtbarer oberirdischer Stengel fehlt. In den Spornen der Blüte befindet sich Nektar, der von Bienen gesammelt wird. Daneben kommt auch regelmäßig Selbstbestäubung vor. Das Wohlriechende Veilchen ist Stammart vieler Gartenformen, denn manche „wilden" Veilchen sind in Wirklichkeit Gartenflüchtlinge.

Rauhhaariges Veilchen

Viola hirta

Die Veilchen bilden eine sehr homogene Gruppe, die nur durch Blütezeit und eine Kombination von Merkmalen voneinander zu unterscheiden sind: Beim Rauhhaarigen Veilchen stehen die Blüten mit einem 3–5 mm langen, aufwärts gebogenen Sporn an blattlosen Stengeln in den Achseln der Grundblätter, die Blattstiele sind behaart und die lanzettlichen Nebenblätter am Rand kurz gefranst aber nicht bewimpert. Die Samen haben Anhängsel, die von Ameisen gefressen werden. So sorgen die Insekten für die Verbreitung der Samen.

blühende Pflanze

- Staude
- März bis Mai
- 5–25 cm

- **Merkmale**
  einzelne Blüten (Durchmesser 1,5–2 cm) auf langen Stielen; Blätter grundständig, schütter behaart
- **Vorkommen**
  kalkhaltige Lehm- oder Tonböden; trockene Wälder, Gebüsche, Halbtrockenrasen
- **Verbreitung**
  fehlt gebietsweise im Mittelgebirge mit kalkarmen Gestein und Alpenvorland; sonst zerstreut; bis über 1.500 m

- Staude
- Juni bis August
- 30–80 cm

- **Merkmale**
  zahlreiche Blüten (Durchmesser 5–8 mm) in einem lockeren Blütenstand; Blätter wechselständig, schmal-lanzettlich, bis 30 cm lang, 3 cm breit

- **Vorkommen**
  nährstoffreiche, trockene Lehm- oder Tonböden; Wegränder, Dämme, Steinbrüche

- **Verbreitung**
  fehlt gebietsweise im Tiefland; sonst zerstreut; in den Alpen bis 2.000 m

Gewöhnlicher Natternkopf

Echium vulgare

Mit dem herausragenden, gespaltenen Griffel und der längeren, dreizipfeligen Oberlippe erinnert die Blüte des Gewöhnlichen Natternkopfes an eine Schlange (Name). Durch Veränderung im Säuregehalt des Zellsaftes ändern die Blüten ihre Farbe: Knospen und die sich entfaltenden Blüten sind rot (saurer pH-Wert), die ausgewachsenen Blüten verfärben sich tief blau (basischer pH-Wert). Der Natternkopf ist eine Pionierpflanze, die humusarme, rohe Böden besiedeln kann. Sie braucht jedoch offene, besonnte Flächen, wo sie sich mit einer fast 2 m langen Wurzel mit Wasser versorgt.

Blütenstand

Kriechender Günsel

Ajuga reptans

Der Kriechende Günsel hat einen vierkantigen Stengel mit ganzrandigen Blättern. Die zweiteilige Oberlippe der Krone ist so klein, daß die Blüte fast nur aus der dreiteiligen Unterlippe zu bestehen scheint. Sie hat einen breiten, dunkel geaderten Mittellappen. Die Pflanze vermehrt sich über kriechende, oberirdische Ausläufer, ihre Samen werden von Ameisen verbreitet. Wegen des Gerbstoffgehaltes hat man den Kriechenden Günsel früher als zusammenziehendes Wundkraut verwendet. Weiß- oder rotblühende Exemplare gehen auf Mutationen zurück.

blühende Pflanze

- **Staude**
- **April bis Juni**
- **10–30 cm**

- **Merkmale**
  zwei bis sechs Lippenblüten (1–1,5 cm lang) sitzen in Quirlen in den Achseln der oberen Blätter; Blätter gegenständig, eiförmig, untere rosettig gehäuft

- **Vorkommen**
  nährstoffreiche, feuchte Lehmböden; Wiesen, lichte Stellen in Wäldern

- **Verbreitung**
  sehr häufig; in den Alpen bis unter die Waldgrenze

- **Staude**
- **April bis Juni**
- **5–20 cm**

- **Merkmale**
zwei bis viele Lippenblüten (1–2 cm lang) in Quirlen in den Achseln der oberen Blätter; Blätter gegenständig, 1–3,5 cm lang, 1–4 cm breit, herzförmig, grob gezähnt

- **Vorkommen**
nährstoffreiche, feuchte Lehmböden; Wiesen, Weiden, Auenwälder, Ufer

- **Verbreitung**
sehr häufig; bis etwa 1.500 m

Gundelrebe, Gundermann

Glechoma hederacea

Lippenblüten mit dreiteiliger Unterlippe

Die Gundelrebe oder der Gundermann – ausnahmsweise erscheint diese Pflanze in beiden Geschlechtern. Im Mittelalter galt sie/er als Zauberpflanze, mit der man den Zauber von verhexter Milch brechen wollte; als Kranz um den Kopf gelegt, erkannte man, wer eine Hexe war und anderes mehr. Heute wird sie nur noch gelegentlich als Heilpflanze gegen Magen- und Darmkatarrh oder im Frühling als Wildsalat verwendet. An den nieren- oder herzförmigen Blättern, sowie den Blüten mit der kurzen, geraden Oberlippe und der dreiteiligen Unterlippe ist die Gundelrebe leicht zu erkennen.

Kleine Braunelle

Prunella vulgaris

- Staude
- Juni bis September
- 10–25 cm

Die Kleine Braunelle hat einen niederliegenden bis aufsteigenden, vierkantigen, oft verzweigten Stengel. Die helmförmige Oberlippe der Blüte ist auf dem Scheitel behaart, die Unterlippe ist dreigeteilt: Seitlich des zungenförmigen, am Rand gezähnten, Mittellappens sitzen die beiden kürzeren Seitenlappen. Nach der Bestäubung durch Hummeln fallen die Blütenkronen ab, und die Kelche schließen sich. Die reifen Samen quellen bei Regen auf und quetschen sich aus dem Kelch heraus. Die Pflanze enthält Gerbstoffe, Bitterstoffe und ätherische Öle und wurde früher zu Heilzwecken gesammelt.

Lippenblüten mit helmförmiger Oberlippe

Merkmale
zahlreiche Lippenblüten (8–15 mm lang) in einem ährigen Blütenstand; Blätter gegenständig, eiförmig, ganzrandig, 1–3,5 cm lang, 0,5–1,5 cm breit

Vorkommen
nährstoffreiche, nicht zu trockene Lehm- oder Tonböden; Wälder, Wegränder, Rasen, Weiden

Verbreitung
sehr häufig; in den Alpen bis 2.000 m

- **Staude**
- **April bis August**
- **30–60 cm**

- **Merkmale**
Lippenblüten (2–2,5 cm lang) in quirlartigen Stockwerken am Ende des Stengels; Blätter in grundständiger Rosette (6–12 cm lang), Stengelblätter gegenständig, lanzettlich

- **Vorkommen**
kalkhaltige Lehmböden; Halbtrockenrasen, Böschungen, trockene Fettwiesen

- **Verbreitung**
fehlt im Nordwestdeutschen Tiefland, häufig in Kalkgebieten; in den Alpen bis 800 m, darüber vereinzelt

Wiesen-Salbei

Salvia pratensis

Der Wiesen-Salbei bietet auf sommerlichen Wiesen ein eindrucksvolles Bild. Die aufrechte, helmförmige Oberlippe der Blüte ist seitlich zusammengedrückt und auf dem Scheitel kurz und seidig behaart. Diese Lippenblüte zeichnet sich durch einen besonders raffinierten Bestäubungsmechanismus aus: Zunächst reifen die Staubgefäße heran. Sie sind hebelartig mit einer Platte am Grund der Kronröhre verbunden. Tritt eine Hummel darauf, senken sich die Staubbeutel ab und pudern ihr den Rücken mit Pollen ein. Ältere Blüten haben eine verlängerte Narbe, die den Pollen abstreift.

Lippenblüten mit helmförmiger Oberlippe

Wasser-Minze

Mentha aquatica

Die Wasser-Minze hat einen vierkantigen Stengel. Ihre Lippenblüten sehen fast regelmäßig vierzipfelig aus, da die beiden Lappen der Oberlippe verwachsen und etwa so groß wie jeder der drei Lappen der Unterlippe sind. Die Blätter sind vor allem unterseits und am Rand behaart; die breiten Zähne der Blätter weisen nach vorn. Obwohl die Wasser-Minze reich an ätherischen Ölen ist, fehlt ihr das Menthol der Pfefferminze. Sie wird in der Heilkunde als krampflösendes Mittel eingesetzt und, als alkoholischer Auszug, zur Stärkung von Herz und Nerven verwendet.

kopfförmige Blütenstände

- **Staude**
- **Juli bis September**
- **20–80 cm**

- **Merkmale**
  zahlreiche Lippenblüten (6–7 mm lang) in kopfigen Blütenständen und quirlig in den Achseln der oberen Blätter; Blätter gegenständig, eiförmig bislanzettlich

- **Vorkommen**
  stickstoffreiche, nasse, torfige oder tonige Böden; Gräben, Sumpfwiesen, Flachmoore, Ufer

- **Verbreitung**
  häufig; bis etwa 1.200 m

- **Staude**
- **Mai bis Juli**
- **5–20 cm**

- **Merkmale**
  einzelne, gespornte Blüten (1,5–2,2 cm lang) an blattlosen Stielen; fünf bis zehn hellgrüne Blätter in einer Rosette
- **Vorkommen**
  nasse, nährstoffarme Böden; Flach- und Quellmoore
- **Verbreitung**
  im Tiefland selten, in den südlichen Mittelgebirgen und den Alpen zerstreut; bis über 2.000 m

Gewöhnliches Fettkraut

Pinguicula vulgaris

blühende Pflanzen

Das Gewöhnliche Fettkraut hat eine zweilippige Blüte. Die Oberlippe ist kleiner als die dreilappige Unterlippe. Der Eingang zur Kronröhre ist dicht behaart und weißlich gefleckt; die Blüte trägt einen dünnen Sporn. Das Besondere dieser Pflanze sind jedoch die rosettigen Grundblätter, die am Rand stets etwas eingerollt erscheinen. Sie tragen auf ihrer Oberfläche einen klebrigen Fangschleim, der von Drüsen produziert wird. An ihm bleiben Insekten kleben und werden von den Blättern verdaut. Dabei helfen eiweißspaltende Enzyme und ein Labferment.

Große Brennessel

Urtica dioica

- Staude
- Juni bis Oktober
- 0,30–2,50 m

Gesägte Blätter und Brennhaare machen die Brennessel unverwechselbar. Obwohl sie als Unkraut oft gehaßt wird, zeichnet sie sich durch vielerlei Nutzungsmöglichkeiten aus. Die Fasern lassen sich zu Stoff verarbeiten (Nessel), die jungen Blätter eignen sich als vitaminreiches Wildgemüse und als Heilmittel gegen Rheuma bzw. als entwässernder Nierentee. Die Zellwand der Brennhaare ist durch Einlagerung von Kieselsäure hart und spröde und bricht bei Berührung durch. Wie durch eine Injektionskanüle ergießen sich dann die brennenden Inhaltsstoffe in die Wunde.

weibliche, hängende Blütenrispen

Merkmale
zweihäusig; männliche Blüten in aufrechter, weibliche Blüten in hängender Rispe; Blätter und Stengel mit Brennhaaren

Vorkommen
stickstoffreiche Böden; Waldränder, Ödland, Flußläufe

Verbreitung
in den Alpen bis fast 3.000 m; häufig

- einjährig
- Juli bis September
- 0,1–2 m

- **Merkmale**
  winzige Blüten in Knäueln; Blätter oval bis rhombisch, 2 – 12 cm lang, 1,5–10 cm breit, gezähnt
- **Vorkommen**
  nährstoffreiche Böden, Unkrautbestände auf Äckern, in Gärten und an Wegen
- **Verbreitung**
  sehr häufig

Weißer Gänsefuß

Chenopodium album

Die gelbgrünen Blüten des Weißen Gänsefußes bilden einen dichten, rispigen Blütenstand am Ende des spärlich verzweigten Stengels. Er wächst aufrecht, selten auch dem Boden anliegend oder bogig aufsteigend. Seine Blätter sind niemals in lappige Zähne geteilt. Die ganze Pflanze wirkt häufig wie mehlig bestäubt. Der früher häufige Gute Heinrich *(Chenopodium bonus-henricus)* bevorzugt mistgedüngten Boden. Auf modernen Bauernhöfen, wo die Gülle in Tanks gesammelt und abgefahren wird, ist kein Platz mehr für ihn. Im Mittelalter galt der Gute Heinrich als Heil- und Hexenpflanze.

Guter Heinrich

Spreizende Melde

Atriplex patula

Die Spreizende Melde ist eine einhäusige Pflanze mit eingeschlechtlichen Blüten. Ihr aufrechter Stengel ist sparrig verzweigt, die unteren Blätter können auch gegenständig sein: Ihre Form schwankt zwischen lanzettlich bis oval und rhombisch, stets jedoch zugespitzt; die Ränder können glatt bis buchtig gezähnt sein. Für eine genaue Unterscheidung von ähnlichen Arten ist eine Lupe erforderlich: Bei den weiblichen Blüten fehlen die Blütenhüllblätter. Sie sind nur von zwei dreieckigen Vorblättern mit zwei seitlichen Zähnen umgeben, die später auch die Frucht einschließen.

blühende Pflanze

- **einjährig**
- **Juli bis September**
- **0,30–1,50 m**

- **Merkmale**
  winzige Blüten in knäueligen Blütenständen; Blätter wechselständig, lanzettlich bis oval, 3–10 cm lang, 1–5 cm breit
- **Vorkommen**
  nährstoffreiche, lehmige Böden; Wegränder, Schuttplätze, Äcker, Gärten
- **Verbreitung**
  häufig

- einjährig
- August bis September
- 5–40 cm

- **Merkmale**
  winzige, hinter scheidenartigen Tragblättern verborgene Blüten; bis auf Schuppen blattlos, rötlich überlaufener Stengel und Seitenäste
- **Vorkommen**
  salzige und Schlickböden; Überspülungssaum am Meer
- **Verbreitung**
  häufig

Queller
Salicornia europaea

Um den Queller sicher zu erkennen, braucht man keine Sammlung von Merkmalen. Er ist die einzige Pflanze mit solch dickfleischigen, blattlosen Stengeln und Seitenästen – vor allem jedoch ist er in seinem Lebensraum konkurrenzlos. Dem Queller machen weder Überflutung noch bei Ebbe das Stehen in heißer Sonne etwas aus. Er verträgt Kochsalzgehalte von bis über 10 % und gehört damit zu den ersten Besiedlern des Schlickwatts. In der Tat wird er örtlich sogar bewußt gepflanzt, um den Schlick festzuhalten und eine Landgewinnung einzuleiten.

dickfleischige Stengel mit Blattschuppen

Gewöhnlicher Frauenmantel

Alchemilla vulgaris

Der Frauenmantel ist ein Kraut von symbolhafter Bedeutung. Die Blattspreite erinnert an die offenen Überwurfmäntel des Mittelalters, daher gilt „unser lieben Frau Mantelkraut“ seit alters als Heilmittel gegen Frauenleiden. Heute wird es nur noch bei Magen- und Darmstörungen verwendet. Botanisch sind die Blätter wegen der Guttation interessant: Aus Spalten an den Blatträndern scheidet der Frauenmantel aktiv Wasser aus, das sich in kleinen Tröpfchen sammelt und zur Blattmitte fließen kann – der „himmlische Tau“, den die Alchimisten sammelten und für ihre Experimente verwendeten.

blühende Pflanze

- **Staude**
- **Mai bis September**
- **15–50 cm**

- **Merkmale**
  Blüten nur aus je vier äußeren und vier inneren Kelchblättern; Blattspreite rundlich (Durchmesser bis 12 cm), aber handförmig in fünf bis elf Lappen eingeschnitten

- **Vorkommen**
  humus- und nährstoffreiche, feuchte Böden; Wälder, Gräben, feuchte Wiesen

- **Verbreitung**
  fehlt zum Teil im Tiefland; häufig

- **Staude**
- **April bis Juni**
- **10–40 cm**

Wald-Bingelkraut

Mercurialis perennis

Obwohl das Wald-Bingelkraut zu den Wolfsmilchgewächsen gehört, enthält es ausnahmsweise keinen Milchsaft. Die weiblichen Blüten bestehen aus einem zweifächrigen Fruchtknoten, die männlichen tragen 8–20 Staubblätter. Da sich das Wald-Bingelkraut über unterirdische Ausläufer vermehrt, kann es große Bestände bilden. Der lateinische Gattungsname verweist auf den Gott Merkur – es ist eine alte Heil- und Alchimistenpflanze. Das Einjährige Bingelkraut *(Mercurialis annua)* hat keinen runden, sondern einen vierkantigen, verzweigten Stengel.

Einjähriges Bingelkraut

- **Merkmale**
  zweihäusige Pflanze; männliche Blütenstände ährig mit zahlreichen, weibliche mit einer bis fünf Blüten; Blätter lanzettlich, stumpf gezähnt
- **Vorkommen**
  nährstoffreiche, humushaltige Lehmböden; Laub- und Mischwälder
- **Verbreitung**
  fehlt im Tiefland und in Mittelgebirgen mit kalkarmem Gestein gebietsweise; in den Alpen bis über 1.500 m; häufig

Spitz-Wegerich

Plantago lanceolata

Der Blütenstand des Spitz-Wegerichs erhebt sich auf einem blattlosen Stengel über eine Rosette grundständiger Blätter. Die Staubgefäße der reifen Blüten ragen weit aus der vierzipfeligen Krone heraus. Die Grundblätter werden bis 20 cm lang, aber höchstens 2 cm breit; drei bis sieben gut sichtbare, parallele Nerven verlaufen in Längsrichtung des Blattes. Der frische Preßsaft der Blätter hilft bei Insektenstichen und Quetschungen, ein Tee wird bei Katarrhen verordnet. Der Mittlere Wegerich *(Plantago media)* hat einen längeren Blütenstand und breit eiförmige Rosettenblätter.

blühende Pflanze

- **Staude**
- **April bis September**
- **10–40 cm**

- **Merkmale**
  zahlreiche Blüten (5 mm lang) in eiförmiger bis kurzer, walzenförmiger Ähre; Blätter grundständig, schmal lanzettlich
- **Vorkommen**
  nährstoffreiche Lehmböden; Fettwiesen, Halbtrockenrasen, Wege
- **Verbreitung**
  sehr häufig

- Staude
- März bis Mai
- 5–15 cm

- **Merkmale**
fünf Blüten in einem gestielten Köpfchen; lang gestielte, in drei Abschnitte gegliederte Blätter (grundständig, manchmal ein Blattpaar am Stengel)
- **Vorkommen**
kalkhaltige, humusreiche Lehmböden, fehlt auf Sand; lichte Mischwälder, Auwälder
- **Verbreitung**
in den Alpen bis zur Laubwaldgrenze; zerstreut

Moschuskraut

Adoxa moschatellina

würfelförmiger Blütenstand

Das Moschuskraut gehört zu den eher unscheinbaren Vertretern unter den Frühblühern. Besonders der Aufbau des Blütenköpfchens lohnt jedoch eine nähere Betrachtung. Eine endständige Blüte mit vier Kronblättern sitzt über vier seitlichen Blüten mit je fünf Kronblättern, so daß der gesamte Blütenstand ein fast würfelförmiges Aussehen hat. Die grundständigen Blätter sind dreigeteilt, wobei jeder der gestielten Abschnitte nochmals aus drei Abschnitten besteht. Der schwache, namensgebende Moschusduft war früher ein Grund, das Kraut zwischen die Wäsche zu legen.

Einbeere

Paris quadrifolia

- Staude
- Mai
- 10–30 cm

Die charakteristische Anordnung der Blätter und Blüte macht die Einbeere unverwechselbar. Die Zahl der Blütenhüllblätter kann bis zu zwölf betragen, in der Regel sind es jedoch vier äußere und vier innere. Der deutsche Name bezieht sich auf die schwarze, erbsengroße Beere, während der lateinische Name die griechische Mythologie bemüht: Die vier Blätter stellen Paris, Athene, Hera und Aphrodite dar, während die Beere den Apfel der Eris symbolisiert. Die giftige Einbeere produziert weder Nektar noch Duft. Allerdings lassen sich Aasfliegen durch die glänzenden Fruchtknoten täuschen und fliegen die Blüte häufig an.

blühende Pflanze

Merkmale
einzelne Blüte (Durchmesser 2–4 cm) oberhalb von vier kreuzförmig angeordneten Blättern

Vorkommen
lehmige oder tonige, feuchte, nährstoffreiche Böden; Laubwälder, lichte Nadelwälder, Auenwälder

Verbreitung
häufig; in den Alpen bis zur Waldgrenze

- **Staude**
- **April bis Mai**
- **10–40 cm**

- **Merkmale**
Blütenstand von einem scheidigen Hochblatt umhüllt; Blätter gestielt, pfeilförmig, dunkel gefleckt

- **Vorkommen**
mull- und nährstoffeiche, feuchte Böden; Laub-, Auen- und Mischwälder

- **Verbreitung**
fehlt im Nordwestdeutschen Tiefland, in Mittelgebirgen und den Alpen auf nährstoffarmen Böden; bis 1.000 m

Gefleckter Aronstab

Arum maculatum

Beim Gefleckten Aronstab umgibt ein Hüllblatt den Blütenstand, von dem nur das kolbenartig verdickte Endstück sichtbar ist. Sein Aasgeruch lockt Fliegen an, die an der glatten inneren Wand des Hüllblattes ins Innere der Kesselfalle abrutschen. Beim Versuch, sich zu befreien, bestäuben sie die unten sitzenden weiblichen Blüten. Darauf verwelken zu Sperrhaaren umgewandelte, männliche Blüten, fertile männliche Blüten geben ihren Pollen ab. Da sich auch das Hüllblatt leicht öffnet, kann die Fliege nun wieder ins Freie, um neue Blüten zu bestäuben. Der Aronstab ist giftig.

blühende Pflanze

Breitblättrige Stendelwurz

Epipactis helleborine

- **Staude**
- **Juli bis September**
- **20–80 cm**

Wie alle einheimischen Orchideen ist die Breitblättrige Stendelwurz selten und geschützt. Der Blütenstand ist eine Ähre, da die gedrehten Fruchtknoten einen Stiel nur vortäuschen. Vor dem Aufblühen ist er etwas seitlich eingebogen. Die meist rötlich gefärbte Lippe ist nicht gespornt, die übrigen Blütenhüllblätter sind grünlich oder zumindest grün überlaufen. Auf dem hinteren Teil der Lippe sitzen Nektardrüsen. Hummeln, die die Blüte besuchen, kommen zwangsläufig in Kontakt mit den Staubbeuteln, die an ihrem Kopf haften bleiben und später in der nächsten Blüte wieder abgestreift werden.

blühende Pflanze

- **Merkmale**
  zahlreiche Blüten (Durchmesser 2–2,5 cm) in einer lockeren Ähre; Blätter wechselständig, bis 15 cm lang und 10 cm breit
- **Vorkommen**
  basen- oder kalkreiche, mullreiche Lehm- oder Tonböden; Laub- und Nadelwälder, Waldwiesen
- **Verbreitung**
  zerstreut; in den Alpen bis 1.500 m

1

3

4

6

7

1 **Schwedischer Hartriegel**
Cornus suecia
Hartriegelgewächse;
saure, moorige Böden

2 **Alpen-Pechnelke**
Viscaria alpina
Nelkengewächse;
trockene, kalkarme Böden, Schutthalden

3 **Stengelloses Leimkraut**
Silene acaulis
Nelkengewächse;
kalkreiche, lehmige, humushaltige Böden

4 **Nickendes Wintergrün**
Othilia secunda
Wintergrüngewächse;
sandig-steinige Böden mit Humusanteil

5 **Stern-Steinbrech**
Saxifraga stellaris
Steinbrechgewächse;
feuchte bis nasse, steinige Gebiete

6 **Buntes Läusekraut**
Pedicularis oederi
Braunwurzgewächse;
kalkreiche, steinige, feuchte Böden

7 **Gletscher Hahnenfuß**
Ranunculus glacialis
Hahnenfußgewächse;
kalkarme, steinige Böden mit viel Sickerwasser, Pionierpflanze

8 **Moltebeere**
Rubus chamaemorus
Rosengewächse;
saure, moorige Böden, Moore

1

2

4

6

7

1 **Krummstab**
Arisarum vulgare
Aronstabgewächse;
Wälder, Mauern, Olivenhaine

2 **Weicher Akanthus**
Acanthus mollis
Akanthusgewächse;
Ödland, trockene Wegränder

3 **Kronen-Anemone**
Anemone coronaria
Hahnenfußgewächse;
Trockenrasen, gelegentlich gepflanzt

4 **Strand-Hundskamille**
Anthemis maritima
Korbblütler;
Dünen, sandige Küsten

5 **Knorpelmöhre**
Ammi visnaga
Doldenblütler;
feuchtes Brachland, auf tonigen Böden

6 **Italienische Ochsenzunge**
Anchusa italica
Rachenblütler;
Wegränder, Kultur- und Brachland

7 **Gelber Affodil**
Asphodeline lutea
Liliengewächse;
Garrigue, Macchie, Trockenrasen im Gebirge

8 **Portugiesischer Tragant**
Astragalus lusitanicus
Schmetterlingsblütler;
trockene Hänge im Gebirge (300–1.500 m)

1

2

4

6

7

1 **Akanthusblättrige Eberwurz**
Carlina acanthifolia
Korbblütler;
trockene Wiesen im Gebirge

2 **Französische Nelke**
Dianthus monspessulanus
Nelkengewächse;
trockene, grasige, felsige Stellen

3 **Dreifarbige Winde**
Convolvulus tricolor
Windengewächse;
Wegränder, Brachland

4 **Frühlings-Alpenveilchen**
Cyclamen repandum
Primelgewächse;
nur im Waldschatten

5 **Meerfenchel**
Crithmum maritimum
Doldenblütler;
Küstenfelsen, Klippen, nur in Meernähe

6 **Große Wachsblume**
Cerinthe major
Rauhblattgewächse;
Wegränder, Brachland, Ackerland

7 **Rote Spornblume**
Centranthus ruber
Baldriangewächse;
Ödland und Ackerland

8 **Gewöhnliche Schlangenwurz**
Dracunculus vulgaris
Aronstabgewächse;
Gehölze, Kulturland

1

2

4

5

7

3

6

8

1 **Myrten-Wolfsmilch**
Euphorbia myrsinites
Wolfsmilchgewächse;
steinige Hänge, Felsen

2 **Italienischer Natternkopf**
Echium italicum
Rauhblattgewächse;
Weiden, Brachland

3 **Rizinus**
Ricinus communis
Wolfsmilchgewächse;
Kulturland, vielfach Zier- und Nutzpflanze

4 **Dreimonats-Strauchpappel**
Lavatera trimestris
Malvengewächse;
Ödland; hauptsächlich als Gartenpflanze kultiviert

5 **Flügel-Platterbse**
Lathyrus ochrus
Schmetterlingsblütler;
Kulturland, Getreidefelder

6 **Schwarzkümmel**
Nigella damascena
Hahnenfußgewächse;
Feldränder, Brachland

7 **Gemeines Rutenkraut**
Ferula communis
Doldenblütler;
trockene Rasen, Garrigue, auf Kalkböden

8 **Roter Hornmohn**
Glaucium corniculatum
Mohngewächse;
Unkrautflächen, Kulturland

1

2

4

5

7

1 **Honigmelisse**
Melittis melissophyllum
Lippenblütler;
Gebüsche, lichte Laubwälder

2 **Scharlach-Salbei**
Salvia sclarea
Lippenblütler;
trockene Hänge, Gebüsche

3 **Echter Venuskamm**
Scandix pecten-veneris
Doldenblütler;
Ackerunkraut auf Kultur- und Brachland

4 **Tazette**
Narcissus tazetta
Irisgewächse;
Ufer, Macchie, Kulturland, oft angepflanzt

5 **Rote Mittagsblume**
Carpobrotus acinaformis
Eiskrautgewächse;
Küsten, zur Dünenbefestigung angepflanzt

6 **Herbstalraune**
Mandragora autumnalis
Nachtschattengewächse;
Wegränder, Brachland, Ackerland

7 **Kalabrisches Seifenkraut**
Saponaria calabrica
Nelkengewächse;
steile Hänge, Felsen

8 **Rote Spargelbohne**
Lotus tetragonolobus
Schmetterlingsblütler;
Wegränder, Felder, Brachland

1

2

4

6

7

1 **Kanaren-Schlangenwurz**
Dracunculus canariensis
Aronstabgewächse;
Wegränder, Gebüsche

2 **Keilblättriges Aeonium**
Aeonium cuneatum
Dickblattgewächse;
Trockenhänge, Felswände, Schluchten

3 **Teide-Katzenminze**
Nepeta teydea
Lippenblütler;
nur in Schluchten (Cañadas)

4 **Cañadas-Kanarenmargerite**
Argyranthemum tenerifae
Korbblütler;
nur in Schluchten (Cañadas)

5 **Kanaren-Glockenblume**
Canarina canariensis
Glockenblumengewächse;
feuchte, schattige Wälder

6 **Kanaren-Storchschnabel**
Geranium canariense
Storchschnabelgewächse;
Lorbeerwälder

7 **Gabelige Leuchterblume**
Ceropegia dichotoma
Seidenpflanzengewächse;
vorwiegend an der Nordküste

8 **Teide-Veilchen**
Viola cheiranthifolia
Veilchengewächse;
Geröllfluren des Teide und anderer Bergregionen

Register

Aufgrund des nur begrenzt zur Verfügung stehenden Platzes wurden zweiteilige deutsche Pflanzennamen nur einmal, und zwar mit vorgestelltem Gattungsnamen, aufgeführt. So ist z. B. der „Blaue Eisenhut" nur unter „Eisenhut, Blauer" zu finden.

KOSMOS
Der Natur- & Ausrüstungs-Katalog
Gratis-Katalog
gleich anfordern

Impressum

Mit 254 Farbfotos von Aichele (5, 6 r., 7, 9 o. und u., 10, 15, 21, 27, 90, 122, 175, 184, 197), Brummer (207/1), Ewald (17, 94, 120, 176, 179, 180, 204), Fürst (41, 202), Hecker (131, 133, 181), Himmelhuber (75, 173), König (112), Kühn (76, 154), Laux (8. 12 u., 14, 19, 37, 40, 46, 49, 62, 80, 82, 104, 118, 119, 142, 143, 146, 147, 149, 150, 163, 171, 193, 201, 207/6), Limbrunner (45, 85, 92, 135, 144, 159, 172, 177), Pforr (13, 16, 18, 22, 24, 25, 39, 42, 63, 77, 81, 84, 96, 107, 151, 157, 165, 174, 183, 185, 190, 194, 199, 203), Pott (35, 43, 47, 50, 51, 52, 54, 61, 79, 93, 97, 100, 108, 113, 125, 126, 134, 139, 140, 141, 152, 153, 158, 160, 162, 168, 188, 189, 191, 192, 196, 198, 200), Reinhard-Tierfoto (3, 20, 23, 34, 36, 38, 44, 59, 69, 70, 83, 86, 87, 101, 106, 130, 138, 145, 148, 167, 178, 195), Schönfelder (30, 31, 33, 57, 72, 78, 91, 116, 117, 121, 169, 182, 187, 207/2, 207/3, 207/4, 207/5, 207/7, 207/8, 209/1, 209/3, 209/5, 209/8, 211/1, 211/3, 211/5, 211/8, 213/1, 213/3, 213/5, 213/6, 213/8, 215/1, 215/3, 215/4, 215/5, 215/8, 217/1, 217/2, 217/3, 217/4, 217/5, 217/6, 217/7, 217/8), Synatzschke, M. (105), Vogt (137), Wagner (26, 28, 55, 56, 60, 68, 74, 95, 102, 109, 123, 124, 128, 129, 136, 155, 156, 166, 170, 186, 209/2, 209/4, 209/6, 209/7, 211/2, 211/4, 211/6, 211/7, 213/2, 213/4, 213/7, 215/2, 215/6, 215/7), Willner, O. (32, 64), Willner (12 o., 29, 58, 67, 71, 99, 103, 127, 132, 164), Zeininger (6 l., 48, 53, 65, 66, 73, 89, 98, 111, 114, 115, 161, 205), Zepf, E. (88, 110) sowie 192 Farbzeichnungen von M. Golte-Bechtle (14, 15, 16, 17, 18, 19, 20, 21, 22, 23, 24, 25, 26, 27, 28, 30, 31, 32, 33, 34, 35, 36, 37, 38, 39, 40, 41, 42, 43, 48, 49, 50, 51, 52, 53, 54, 55, 56, 57, 58, 59, 60, 61, 62, 63, 64, 65, 66, 67, 68, 69, 70, 71, 72, 73, 74, 75, 76, 77, 78, 79, 80, 85, 87, 88, 90, 92, 93, 94, 95, 96, 97, 98, 99, 100, 101, 102, 103, 104, 105, 106, 107, 108, 109, 112, 113, 114, 115, 116, 117, 118, 119, 120, 121, 122, 123, 125, 127, 128, 129, 130, 131, 132, 133, 134, 135, 138, 139, 140, 141, 142, 143, 144, 145, 146, 147, 148, 149, 150, 151, 152, 153, 154, 155, 156, 157, 158, 159, 160, 161, 162, 163, 164, 165, 166, 167, 168, 169, 170, 174, 175, 176, 178, 179, 180, 181, 182, 183, 184, 185, 186, 187, 188, 189, 190, 191, 192, 193, 194, 195, 196, 197, 198, 199, 200, 201, 202, 203, 204, 205), S. Haag (44, 45, 46, 47, 82, 83, 84, 86, 89, 91, 110, 111, 124, 137, 171, 172, 173, 177,), R. Hofmann (29, 126), Kohnle, G. (81, 136)

Auf der Umschlagklappe eine Farbzeichnung von M. Golte-Bechtle, 45 Farbzeichnungen von W. Lang und vier Symbole von N. Baasner. Zeichnung der Infoscheibe von M. Golte-Bechtle

Umschlaggestaltung von Friedhelm Steinen-Broo, Pau (Spanien) unter Verwendung eines Dias (Klatsch-Mohn) von Reinhard-Tierfoto und eines Dias von Hecker

Die Deutsche Bibliothek – CIP-Einheitsaufnahme

Wildblumen : [mit Infoscheibe ; Extra: Urlaubsgebiete Europas]/ Wolfgang Hensel. – Stuttgart : Kosmos, 2000
(Kosmos kompakt)
ISBN 3-440-07839-6

ISBN 3-440-07839-6
Grundlayout: Friedhelm Steinen-Broo, eSTUDIO CALAMAR
Lektorat: Gisela Bauer-Haffter, Dr. Sigrun Künkele
Herstellung: Markus Schärtlein, Juliane Klepser
Printed in Germany/Imprimé en Allemagne
Satz: Hahn Medien, Kornwestheim
Druck und Bindung: Westermann Druck Zwickau, Zwickau

Giftpflanzen

Auf der nebenstehenden Scheibe finden Sie acht der gefährlichsten, heimischen Giftpflanzen. Sie sind mit Hilfe der Illustrationen leicht zu identifizieren. Durch Drehen an der Scheibe können Sie eine kurze, charakteristische Beschreibung der Arten aufrufen.

Die Entscheidung, ob eine Pflanze zu den Giftpflanzen zählt, ist natürlich auf den Menschen bezogen. Wie wir aus Funden in steinzeitlichen Siedlungen wissen, kannte bereits der frühe Mensch solche Pflanzen und nutzte sie wohl auch, um seine Pfeile zu vergiften, wie dies manche Indianer Südamerikas heute noch tun.

Andere „Giftpflanzen“ haben eine positive Wirkung - sie wurden und werden als Heilpflanzen verwendet.

Für den Botaniker stellt sich natürlich die äußerst interessante Frage, warum manche Pflanzen Giftstoffe bilden und andere nicht. Offenbar kommt doch die große Mehrheit der Pflanzenfamilien und Arten ohne solche Gifte aus. In der Tat wissen wir noch sehr wenig über diese Zusammenhänge. In einigen Fällen schützen die Giftstoffe eine Pflanze vor dem Fraß oder vor Befall von Pilzen und Bakterien.

In anderen Fällen scheinen die Gifte Abfallprodukte des Stoffwechsels zu sein, die in Blättern, Früchten oder Wurzeln abgelagert werden. Wir kennen allerdings auch Pflanzen, in denen die Giftstoffe nach einem festgelegten zeitlichen Rhythmus gebil- det und gespeichert werden (Tag/ Nacht, Jahreszeiten).

Außer den acht auf der Drehscheibe abgebildeten Pflanzen enthalten auch noch andere im Buch beschriebene Arten mehr oder weniger starke giftige Inhaltsstoffe:

Gefährlich bis stark giftige Pflanzen

Arnika – alle Teile
Gefleckter Aronstab – grüne Teile, Beeren
Zweihäusige Zaunrübe – Wurzel, Beeren
Schöllkraut – Milchsaft
Einbeere – alle Teile

Schwach giftige Pflanzen

Busch-Windröschen – alle Teile
Hohler Lerchensporn – Knolle
Wildes Alpenveilchen – Knolle
Kleines Schneeglöckchen – alle grünen Teil
Sumpf-Schwertlilie – alle Teile
Vielblättrige Lupine – Samen
Wald-Bingelkraut – alle grünen Teile
Osterglocke – alle Teile
Gewöhnliche Küchenschelle – alle grünen T
Scharfer Mauerpfeffer – alle grünen Teile
Kleines Immergrün – alle grünen Teile